Impressum
Verlag: BABADADA GmbH, Nedderfeld 112 , 22529 Hamburg
Geschäftsführer / Verlagsleitung: Harald Hof
Druck: Books on Demand GmbH, In de Tarpen 42, 22848 Norderstedt

Imprint
Publisher: BABADADA GmbH, Nedderfeld 112 , 22529 Hamburg, Germany
Managing Director / Publishing direction: Harald Hof
Print: Books on Demand GmbH, In de Tarpen 42, 22848 Norderstedt

škola

σχολείο

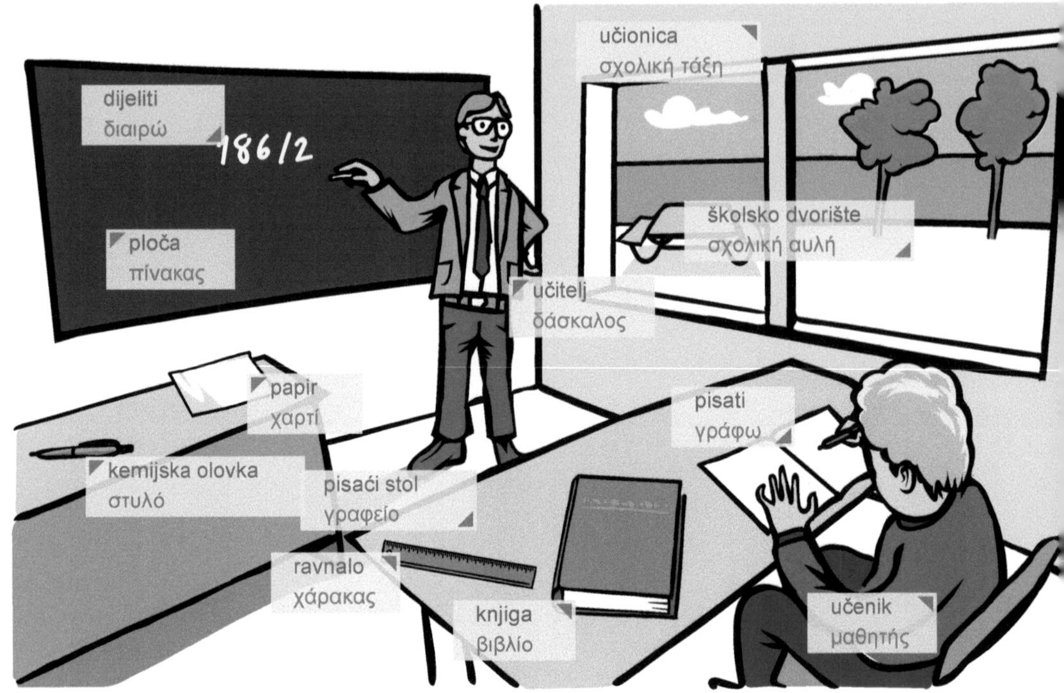
učionica
σχολική τάξη
dijeliti
διαιρώ
186/2
ploča
πίνακας
školsko dvorište
σχολική αυλή
učitelj
δάσκαλος
papir
χαρτί
pisati
γράφω
kemijska olovka
στυλό
pisaći stol
γραφείο
ravnalo
χάρακας
knjiga
βιβλίο
učenik
μαθητής

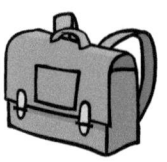

torba
σχολική τσάντα

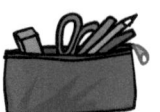

pernica
κασετίνα/ μολυβοθήκη

grafitna olovka
μολύβι

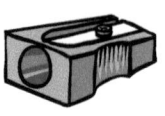

šiljilo za olovke
ξύστρα

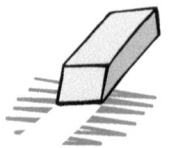

gumica za brisanje
γόμα

blok za crtanje
μπλοκ ζωγραφικής

crtež

ζωγραφική

kist

πινέλο

kutija s bojama

κουτί χρωμάτων

makaze

ψαλίδι

ljepilo

κόλλα

bilježnica

τετράδιο ασκήσεων

domaći zadatak

εργασία για το σπίτι

broj

αριθμός

sabirati

προσθέτω

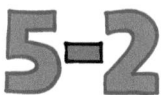

oduzimati

αφαιρώ

množiti

πολλαπλασιάζω

računati

υπολογίζω

slovo

γράμμα

abeceda

αλφάβητο

riječ

λέξη

tekst

κείμενο

čitati

διαβάζω

kreda

κιμωλία

sat

μάθημα

dnevnik

εγγράφομαι

ispit

τεστ

svjedodžba

πιστοποιητικό

školska uniforma

μαθητική στολή

obrazovanje

εκπαίδευση

leksikon

εγκυκλοπαίδεια

sveučilište

πανεπιστήμιο

mikroskop

μικροσκόπιο

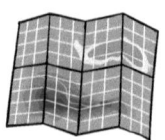

karta

χάρτης

košara za papir

καλάθι αχρήστων

putovanje
ταξίδι

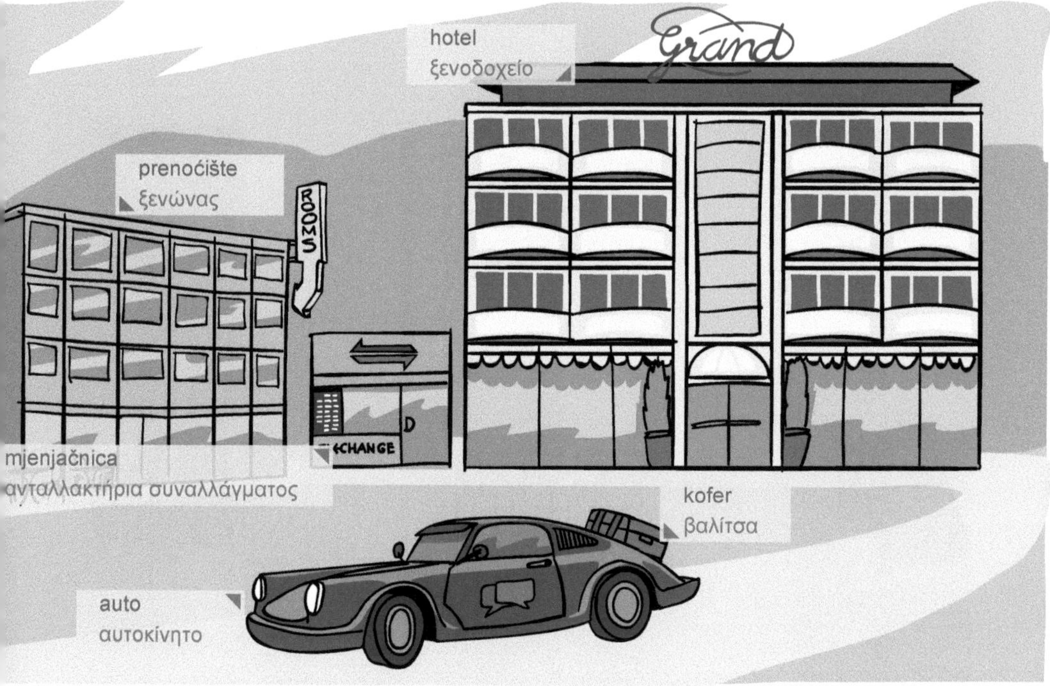

hotel
ξενοδοχείο
Grand
prenoćište
ξενώνας
ROOMS
mjenjačnica
ανταλλακτήρια συναλλάγματος
EXCHANGE
kofer
βαλίτσα
auto
αυτοκίνητο

jezik

γλώσσα

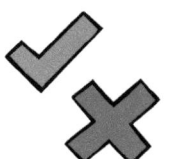

da / ne

ναι / όχι

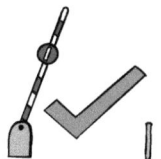

okay

εντάξει

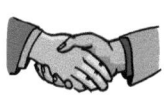

zdravo

γεια σου

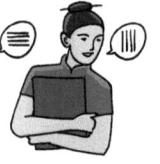

prevoditelj

μεταφραστής

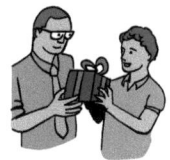

hvala

Ευχαριστώ

Koliko košta...?

πόσο κάνει ;

ne razumijem

Δε καταλαβαίνω

problem

πρόβλημα

dobro veče!

Καλησπέρα!

Dobro jutro!

Καλημέρα!

Laku noć!

Καληνύχτα!

doviđenja

Αντίο

smjer

κατεύθυνση

prtljaga

αποσκευές

torba

τσάντα

ruksak

σακίδιο πλάτης

gost

καλεσμένος

soba

δωμάτιο

vreća za spavanje

υπνόσακος

šator

σκηνή

turističke informacije

τουριστικές πληροφορίες

plaža

παραλία

kreditna kartica

πιστωτική κάρτα

doručak

πρωινό

ručak

μεσημεριανό

večera

δείπνο

karta za vožnju

εισιτήριο

dizalo

ανελκυστήρας

poštanska markica

γραμματόσημο

granica

σύνορα

carina

τελωνείο

ambasada

πρεσβεία

viza

βίζα

putovnica

διαβατήριο

transport

μεταφορά

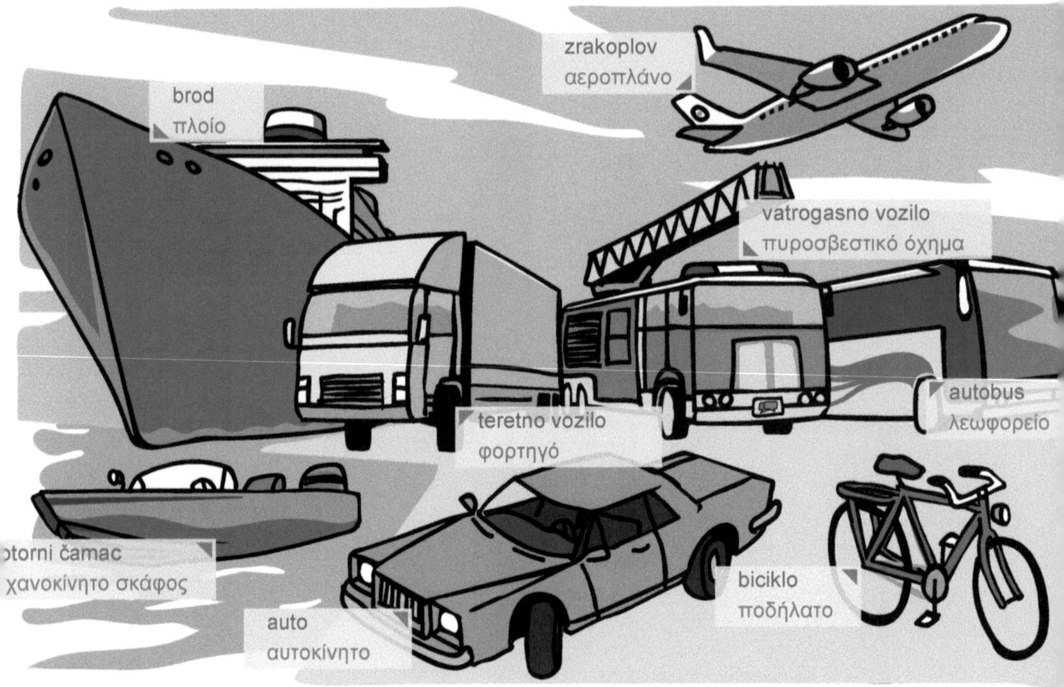

zrakoplov
αεροπλάνο
brod
πλοίο
vatrogasno vozilo
πυροσβεστικό όχημα
autobus
λεωφορείο
teretno vozilo
φορτηγό
otorni čamac
χανοκίνητο σκάφος
biciklo
ποδήλατο
auto
αυτοκίνητο

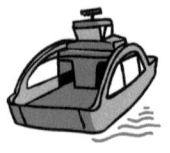

trajekt

φεριμπότ

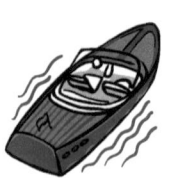

čamac

βάρκα

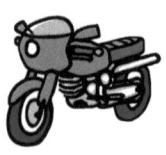

motocikl

μοτοσικλέτα

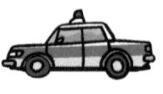

policijski auto

περιπολικό

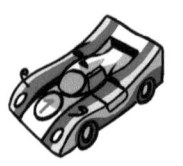

trkaći auto

αγωνιστικό αυτοκίνητο

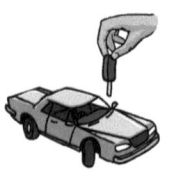

iznajmljeno auto

ενοικιαζόμενο αυτοκίνητο

dijeljenje automobila

ιαμοιρασμός αυτοκινήτων

vučno vozilo

γερανός

vozilo za odvoz smeća

απορριμματοφόρο

motor

κινητήρας

benzin

καύσιμο

benzinska postaja

βενζινάδικο

prometni znak

πινακίδα σήμανσης

promet

κυκλοφορία

zastoj

κυκλοφοριακή συμφόρηση

parkiralište

χώρος στάθμευσης

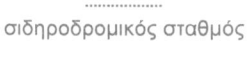

kolodvor

σιδηροδρομικός σταθμός

šine

σιδηροδρομικές γραμμές

vlak

τρένο

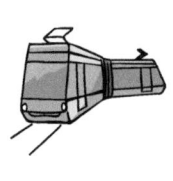

tramvaj

τραμ

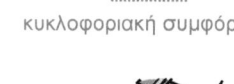

vagon

βαγόνι

helikopter
ελικόπτερο

zrakoplovna luka
αεροδρόμιο

toranj
πύργος

putnik
επιβάτης

kontejner
εμπορευματοκιβώτιο

karton
χαρτοκιβώτιο

kolica
καρότσι

košara
καλάθι

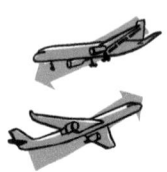

uzletjeti / sletjeti
απογειώνομαι /
προσγειόνομαι

grad
πόλη

selo
χωριό

centar grada
κέντρο της πόλης

kuća
σπίτι

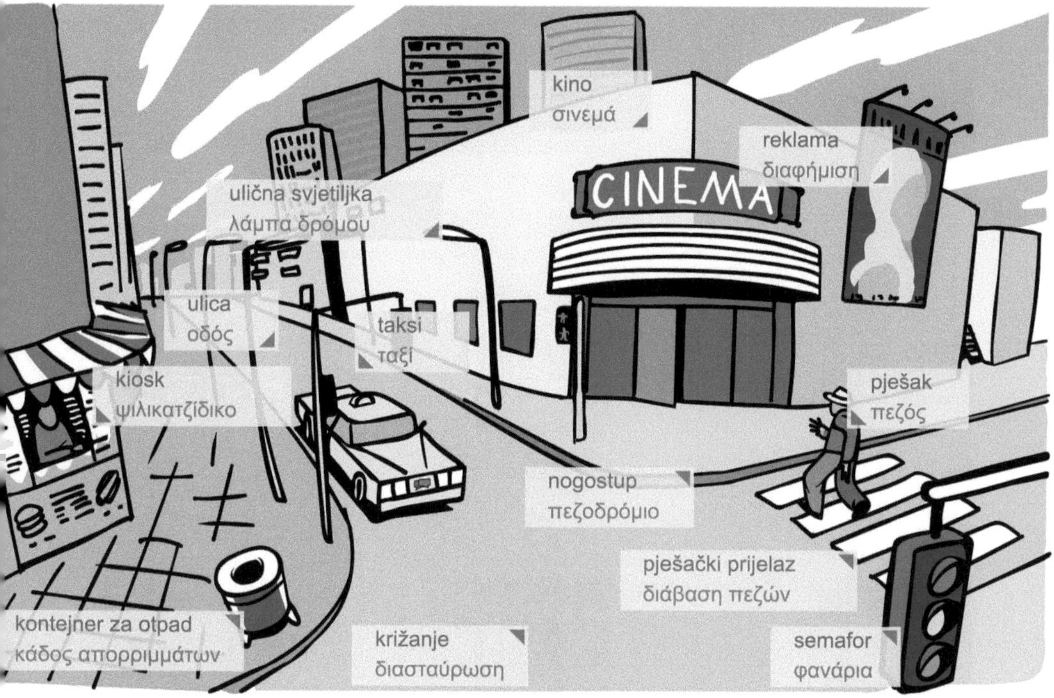
kino
σινεμά
reklama
διαφήμιση
CINEMA
ulična svjetiljka
λάμπα δρόμου
ulica
οδός
taksi
ταξί
kiosk
ψιλικατζίδικο
pješak
πεζός
nogostup
πεζοδρόμιο
pješački prijelaz
διάβαση πεζών
kontejner za otpad
κάδος απορριμμάτων
križanje
διασταύρωση
semafor
φανάρια

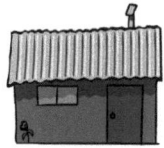

koliba

καλύβα

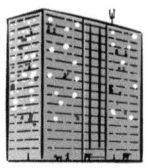

stan

διαμέρισμα

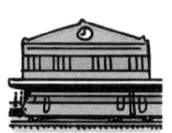

kolodvor

σιδηροδρομικός σταθμός

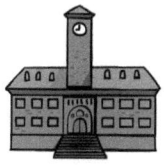

vijećnica

δημαρχείο

MUSEUM

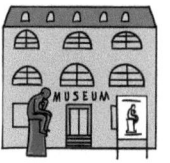

muzej

μουσείο

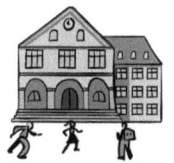

škola

σχολείο

sveučilište

πανεπιστήμιο

banka

τράπεζα

bolnica

νοσοκομείο

hotel

ξενοδοχείο

ljekarna

φαρμακείο

ured

γραφείο

knjižara

βιβλιοπωλείο

prodavaonica

κατάστημα

cvjećara

ανθοπωλείο

supermarket

σούπερ μάρκετ

trg

αγορά

robna kuća

πολυκατάστημα

ribarnica

ιχθυοπωλείο

trgovački centar

εμπορικό κέντρο

luka

λιμάνι

park

πάρκο

klupa

παγκάκι

most

γέφυρα

stepenice

σκάλες

podzemna željeznica

μετρό

tunel

τούνελ

autobusna stanica

στάση λεωφορείου

bar

μπαρ

restoran

εστιατόριο

poštansko sanduče

γραμματοκιβώτιο

ulični znak

πινακίδα δρόμου

parkirni sat

παρκόμετρο

zoološki vrt

ζωολογικός κήπος

bazen

πισίνα

džamija

τζαμί

seosko gazdinstvo

αγρόκτημα

zagađenje okoliša

ρύπανση

groblje

νεκροταφείο

crkva

εκκλησία

igralište

παιδική χαρά

hram

ναός

krajolik
τοπίο

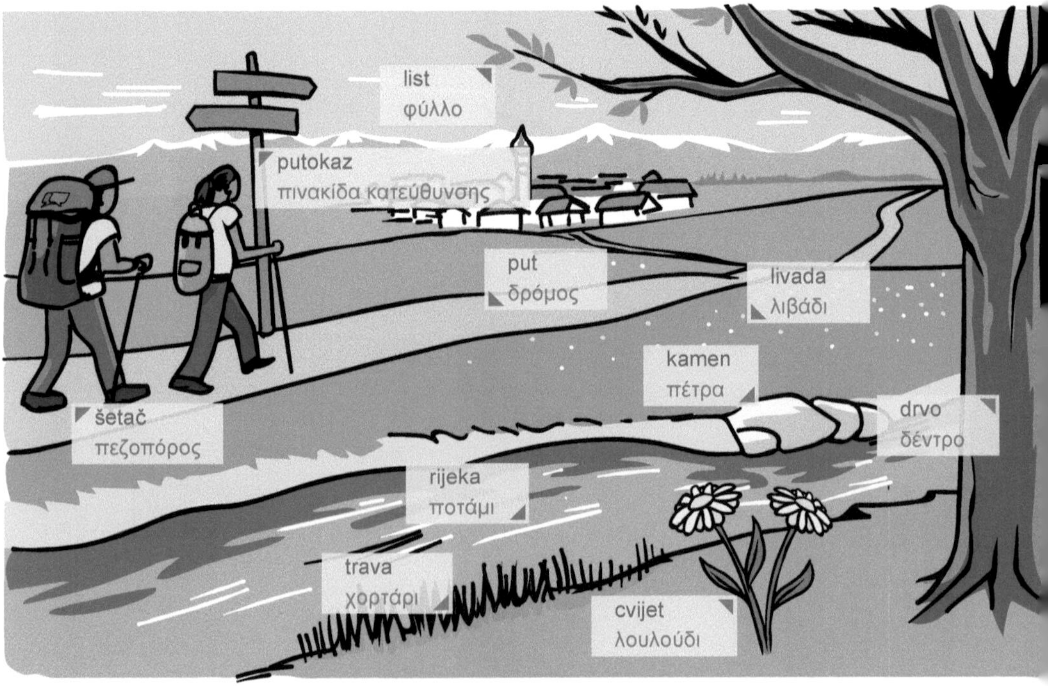

list
φύλλο

putokaz
πινακίδα κατεύθυνσης

put
δρόμος

livada
λιβάδι

kamen
πέτρα

drvo
δέντρο

šetač
πεζοπόρος

rijeka
ποτάμι

trava
χορτάρι

cvijet
λουλούδι

dolina

κοιλάδα

planina

λόφος

jezero

λίμνη

šuma

δάσος

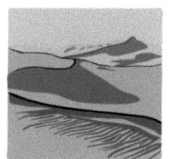

pustinja

έρημος

vulkan

ηφαίστειο

dvorac

κάστρο

duga

ουράνιο τόξο

gljiva

μανιτάρι

palma

φοίνικας

moskito

κουνούπι

muha

μύγα

mrav

μυρμήγκι

pčela

μέλισσα

pauk

αράχνη

buba

σκαθάρι

žaba

βάτραχος

vjeverica

σκίουρος

jež

σκαντζόχοιρος

zec

λαγός

sova

κουκουβάγια

ptica

πουλί

labud

κύκνος

divlja svinja

αγριογούρουνο

jelen

ελάφι

los

άλκη

nasip

φράγμα

vjetrenjača

ανεμογεννήτρια

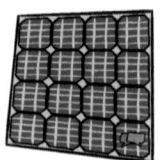

solarna ploča

ηλιακός συλλέκτης

klima

κλίμα

restoran
εστιατόριο

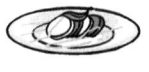

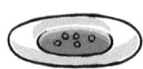

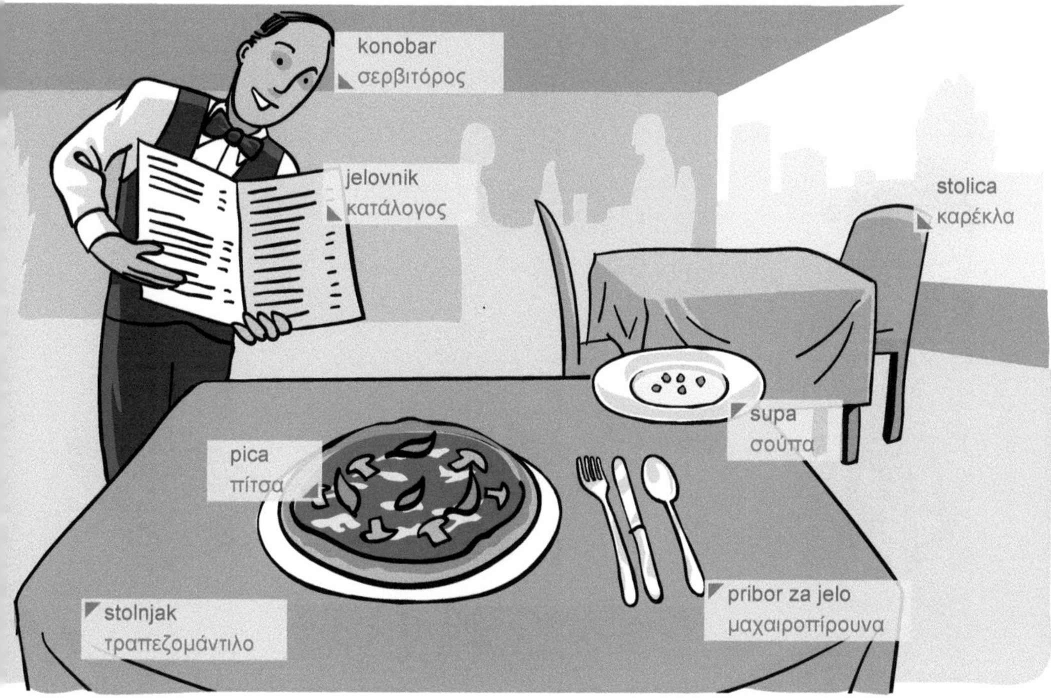
konobar
σερβιτόρος
jelovnik
κατάλογος
stolica
καρέκλα
supa
σούπα
pica
πίτσα
pribor za jelo
μαχαιροπίρουνα
stolnjak
τραπεζομάντιλο

predjelo

ορεκτικό

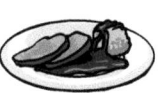

glavno jelo

κύριο πιάτο

desert

επιδόρπιο

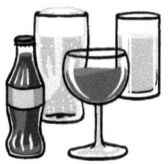

napitci

ποτά

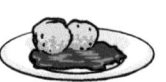

jelo

φαγητό

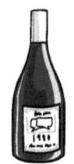

boca

μπουκάλι

fastfood

φαστ φουντ

imbis hrana

φαγητό στ' όρθιο

čajnik

τσαγιέρα

doza za šećer

δοχείο ζάχαρης

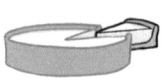

porcija

μερίδα

aparat za espresso

μηχανή εσπρέσο

visoka stolica

ψηλή καρέκλα

račun

λογαριασμός

pladanj

δίσκος

nož

μαχαίρι

vilica

πιρούνι

žlica

κουτάλι

čajna žlica

κουταλάκι του τσαγιού

ubrus

πετσέτα φαγητού

čaša

ποτήρι

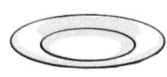

tanjur

πιάτο

tanjur za supu

πιάτο σούπας

tanjurić

πιατάκι φλιτζανιού

sos

σάλτσα

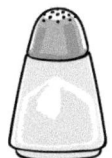

soljenka

αλατιέρα

mlin za biber

μύλος για πιπέρι

ocat

ξύδι

ulje

λάδι

začini

μπαχαρικά

kečap

κέτσαπ

senf

μουστάρδα

majoneza

μαγιονέζα

supermarket
σούπερ μάρκετ

ponuda
προσφορά
FOR
kupac
πελάτης
mliječni proizvodi
γαλακτοκομικά προϊόντα
voće
φρούτα
kolica za kupnju
καρότσι για ψώνια

BUTCHERS

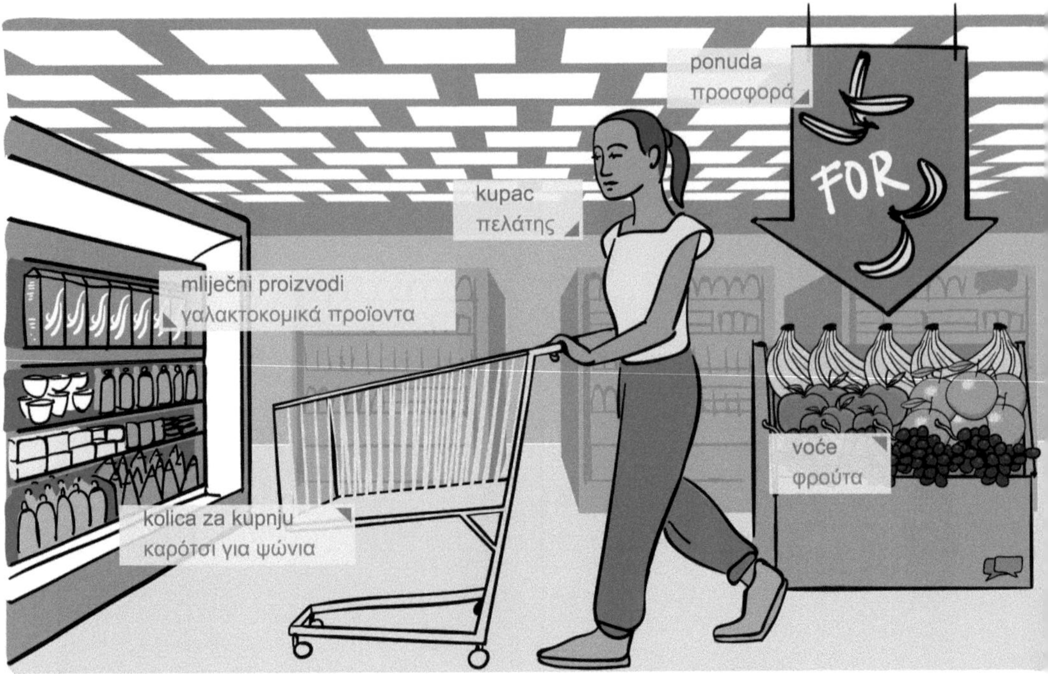

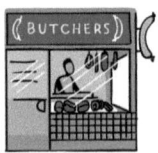

mesnica
κρεοπωλείο

BAKERY

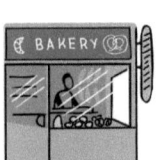

pekarnica
φούρνος

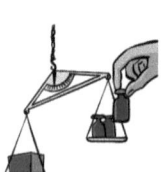

vagati
ζυγίζω

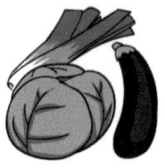

povrće
λαχανικά

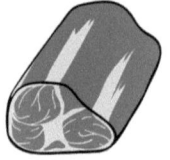

meso
κρέας

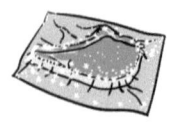

duboko smrznuta hrana
κατεψυγμένα τρόφιμα

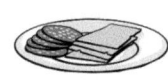

narezak

αλλαντικά

konzerve

κονσερβοποιημένη τροφή

sredstvo za pranje

απορρυπαντικό ρούχων

slatkiši

γλυκά

artikli za domaćinstvo

οικιακά είδη

sredstva za čišćenje

καθαριστικά προϊόντα

prodavačica

πωλήτρια

blagajna

ταμείο

blagajnik

ταμίας

lista za kupnju

λίστα για ψώνια

vrijeme rada

ωράριο λειτουργίας

novčanik

πορτοφόλι

kreditna kartica

πιστωτική κάρτα

torba

τσάντα

plastična vrećica

πλαστική σακούλα

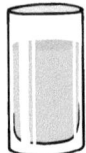

voda

νερό

sok

χυμός

mlijeko

γάλα

cola

κόκα κόλα

vino

κρασί

pivo

μπίρα

alkohol

αλκοόλ

kakao

κακάο

čaj

τσάι

kava

καφές

espresso

εσπρέσο

cappuccino

καπουτσίνο

banana

μπανάνα

jabuka

μήλο

naranča

πορτοκάλι

lubenica

πεπόνι

limun

λεμόνι

mrkva

καρότο

češnjak

σκόρδο

bambus

μπαμπού

luk

κρεμμύδι

gljiva

μανιτάρι

orašasti plodovi

ξηροί καρποί

rezanci

νουντλς

špagete
μακαρόνια

riža
ρύζι

salata
σαλάτα

pomfrit
πατατάκια

pečeni krumpir
τηγανητές πατάτες

pica
πίτσα

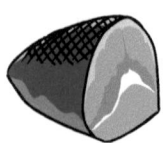

hamburger
χάμπουργκερ

sendvič
σάντουιτς

šnicla
κοτολέτα

pršut
ζαμπόν

salama
σαλάμι

kobasica
λουκάνικο

kokoš
κοτόπουλο

pečenje
ψητό

riba
ψάρι

jelo - φαγητό

zobene pahuljice

χυλός βρώμης

musli

μούσλι

kukuruzne pahuljice

κορν φλέικς

brašno

αλεύρι

roščić

κρουασάν

pecivo

ψωμάκι

kruh

ψωμί

toast

τοστ

keksi

μπισκότα

maslac

βούτυρο

svježi sir

τυρόπηγμα

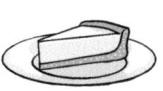

kolač

κέικ

jaje

αυγό

jaje na oko

τηγανητό αυγό

sir

τυρί

sladoled

παγωτό

šećer

ζάχαρη

med

μέλι

marmelada

μαρμελάδα

nugat krema

άλλειμμα σοκολάτας

curry

κάρυ

seosko gazdinstvo
αγρόκτημα

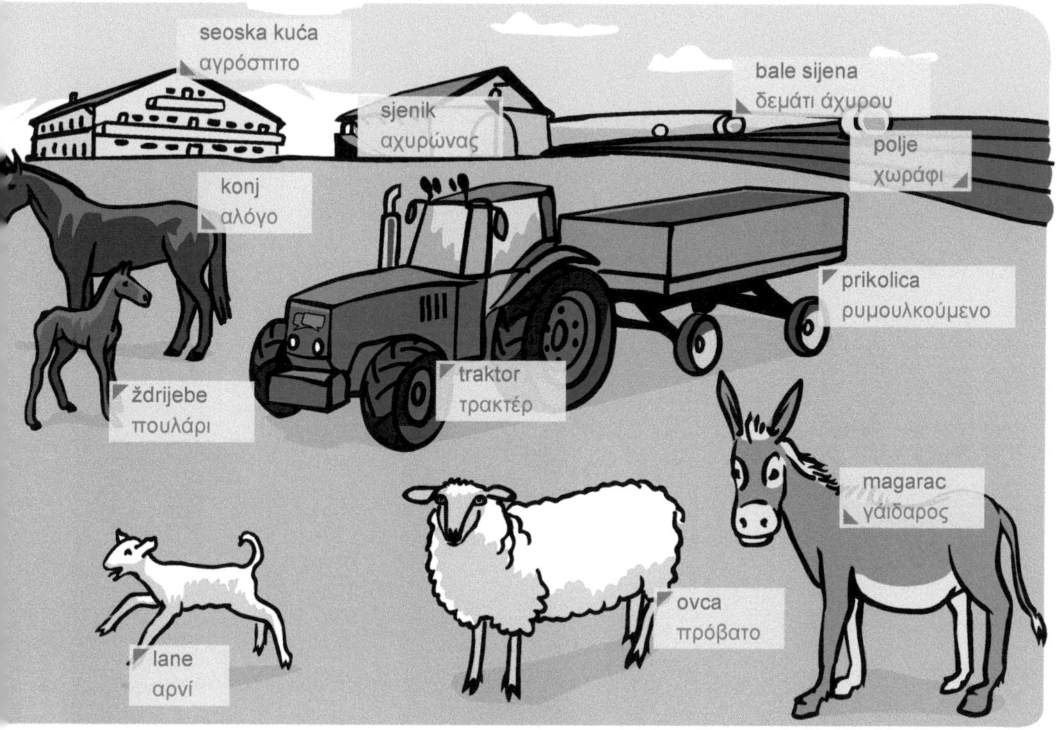
seoska kuća
αγρόσπιτο
sjenik
αχυρώνας
bale sijena
δεμάτι άχυρου
polje
χωράφι
konj
αλόγο
prikolica
ρυμουλκούμενο
traktor
τρακτέρ
ždrijebe
πουλάρι
magarac
γάιδαρος
ovca
πρόβατο
lane
αρνί

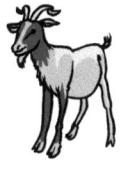

koza

κατσίκα

krava

αγελάδα

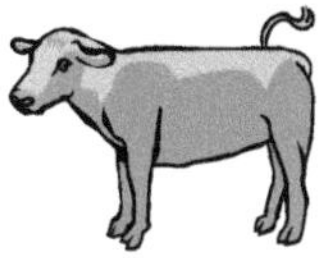

tele

μοσχαράκι

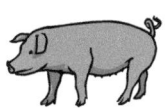

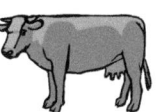

svinja

γουρούνι

prase

γουρουνάκι

bik

ταύρος

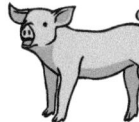

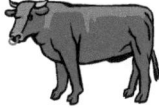

guska

χήνα

patka

πάπια

pilići

κοτοπουλάκι

kokoš

κότα

pijetao

κόκορας

pacov

αρουραίος

mačka

γάτα

miš

ποντίκι

vol

βόδι

pas

σκύλος

kućica za psa

σπιτάκι σκύλου

vrtno crijevo

λάστιχο κήπου

kanta za polijevanje

ποτιστήρι

kosa

θεριστήρι

plug

αλέτρι

srp
δρεπάνι

motika
τσάπα

vilica za gnojivo
δίκρανο

sjekira
τσεκούρι

tačke
χειράμαξα

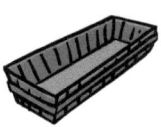

korito
ταΐστρα

posuda za mlijeko
δοχείο γάλακτος

vreća
σάκος

ograda
φράχτης

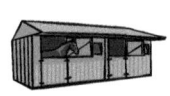

štala
στάβλος

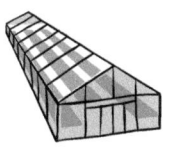

staklenik
θερμοκήπιο

zemlja
έδαφος

sjeme
σπόρος

gnojivo
λίπασμα

kombajn
θεριζοαλωνιστική μηχανή

žanjati

θερίζω

žetva

συγκομιδή

yams začin

γιαμς

pšenica

σιτάρι

soja

σόγια

krumpir

πατάτα

kukuruz

καλαμπόκι

uljana repica

κράμβη

voćka

οπωροφόρο δέντρο

gomolj manioke

μανιόκα

žitarice

δημητριακά

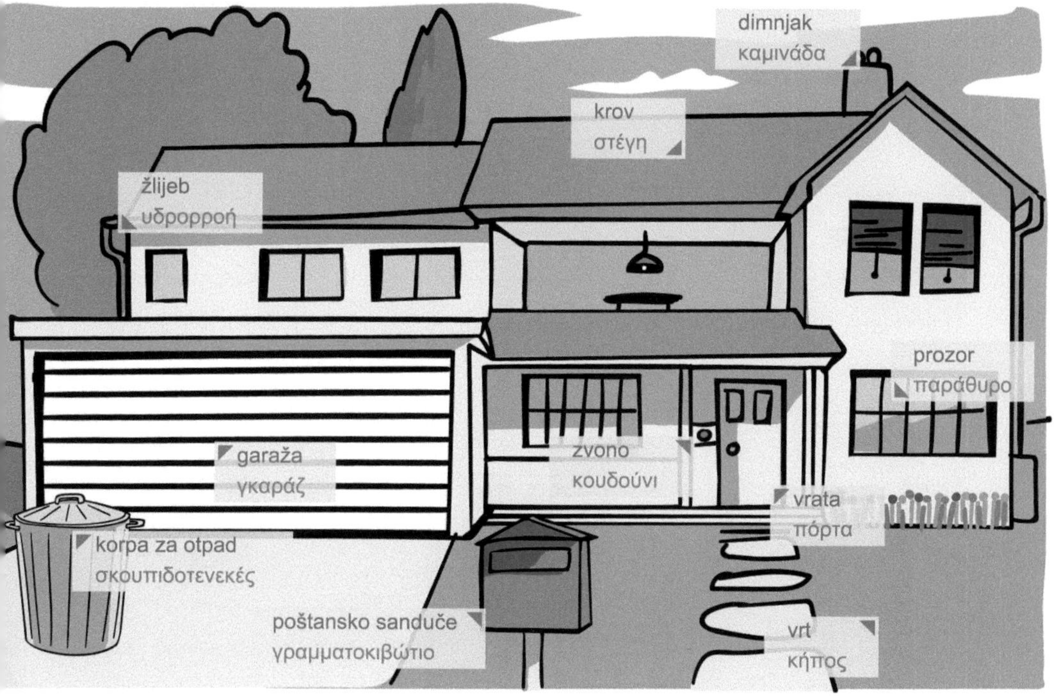

dimnjak
καμινάδα

krov
στέγη

žlijeb
υδρορροή

prozor
παράθυρο

garaža
γκαράζ

zvono
κουδούνι

vrata
πόρτα

korpa za otpad
σκουπιδοτενεκές

poštansko sanduče
γραμματοκιβώτιο

vrt
κήπος

dnevna soba
σαλόνι

kupaonica
μπάνιο

kuhinja
κουζίνα

spavaća soba
υπνοδωμάτιο

dječija soba
παιδικό δωμάτιο

trpezarija
τραπεζαρία

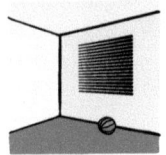

pod

πάτωμα

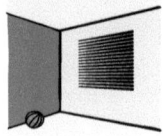

zid

τοίχος

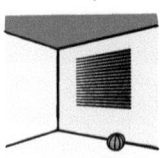

strop

οροφή

podrum

κελάρι

sauna

σάουνα

balkon

μπαλκόνι

terasa

βεράντα

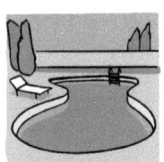

bazen

πισίνα

kosilica za travu

μηχανή του γκαζόν

posteljina za krevet

σεντόνι

deka za krevet

κάλυμμα κρεβατιού

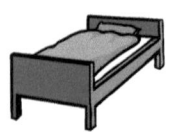

krevet

κρεβάτι

metla

σκούπα

kanta

κουβάς

sklopka

διακόπτης

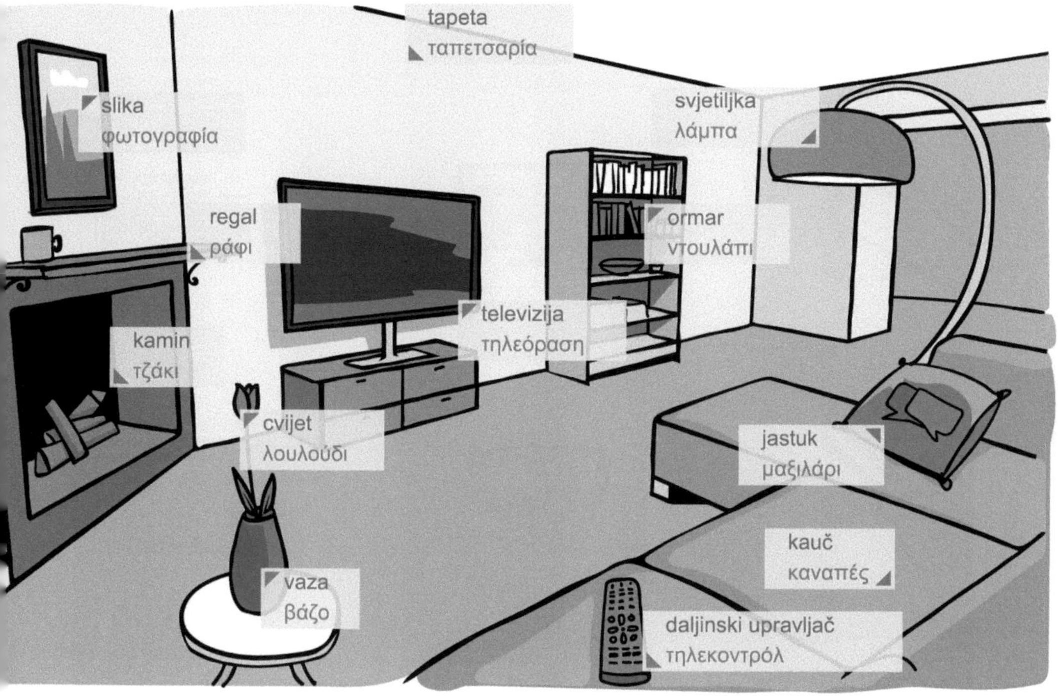

tapeta
ταπετσαρία

slika
φωτογραφία

svjetiljka
λάμπα

regal
ράφι

ormar
ντουλάπι

kamin
τζάκι

televizija
τηλεόραση

cvijet
λουλούδι

jastuk
μαξιλάρι

kauč
καναπές

vaza
βάζο

daljinski upravljač
τηλεκοντρόλ

tepih
χαλί

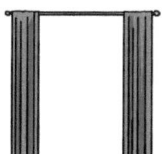

zavjesa
κουρτίνα

stol
τραπέζι

stolica
καρέκλα

stolica za njihanje
κουνιστή πολυθρόνα

fotelja
πολυθρόνα

knjiga
βιβλίο

deka
κουβέρτα

dekoracija
διακόσμηση

drvo za ogrjev
καυσόξυλα

film
ταινία

stereo uređaj
στερεοφωνικό σύστημα

ključ
κλειδί

novine
εφημερίδα

slika na platnu
πίνακας ζωγραφικής

poster
αφίσα

radio
ραδιόφωνο

blok za pisanje
σημειωματάριο

usisavač
ηλεκτρική σκούπα

kaktus
κάκτος

svijeća
κερί

kuhinja
κουζίνα

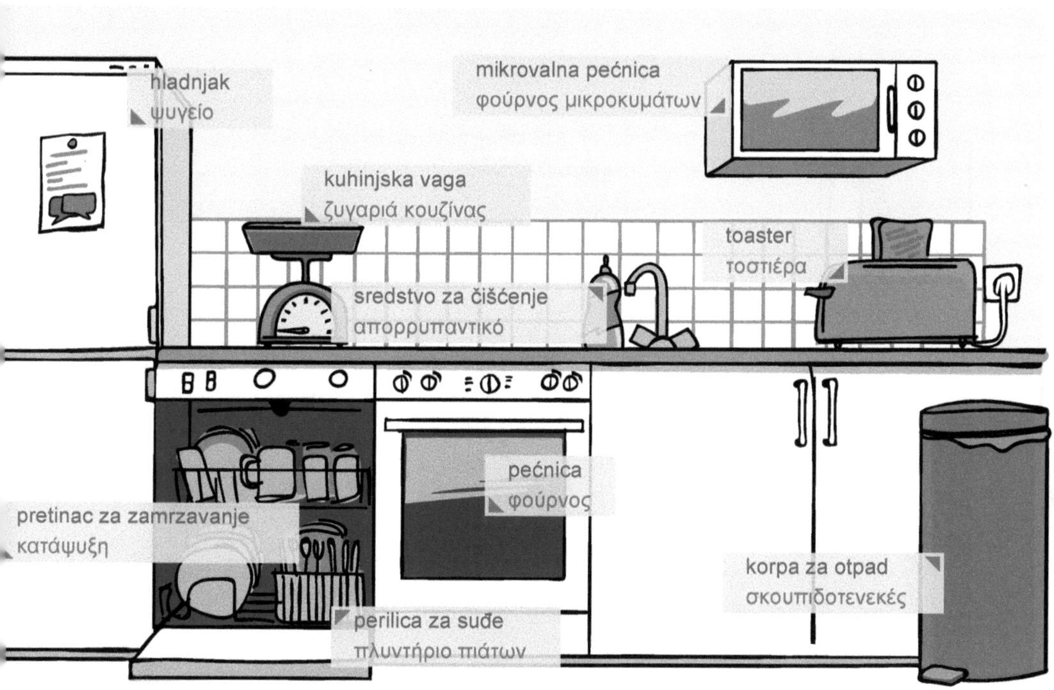
hladnjak
ψυγείο
mikrovalna pećnica
φούρνος μικροκυμάτων
kuhinjska vaga
ζυγαριά κουζίνας
toaster
τοστιέρα
sredstvo za čišćenje
απορρυπαντικό
pećnica
φούρνος
pretinac za zamrzavanje
κατάψυξη
korpa za otpad
σκουπιδοτενεκές
perilica za suđe
πλυντήριο πιάτων

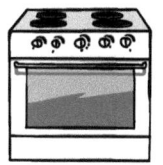

štednjak

κουζίνα

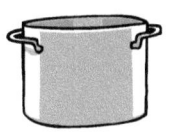

lonac

κατσαρόλα

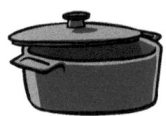

željezni lonac

μαντεμένια κατσαρόλα

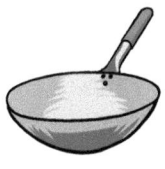

wok / kadai

γουόκ/καντάι

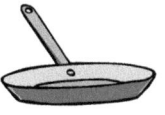

tava

τηγάνι

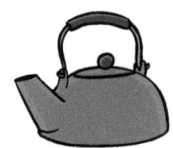

kuhalo za vodu

βραστήρας

kuhalo na paru
αтμομάγειρας

lim za pečenje
ταψί

posuđe
πιατικά

čaša
κούπα

zdjela
μπολ

štapići za jelo
ξυλάκια

kutljača
κουτάλα

lopatica
σπάτουλα

pjenjača
ανακατεύω

sito za kuhanje
σουρωτήρι

sito
σουρωτηράκι

ribež
τρίφτης

mužar
γουδί

roštilj
ψησταριά

ognjište
ανοιχτή φωτιά

daska
σανίδα κοπής

oklagija
πλάστης

vadičep
ανοιχτήρι φελλών

konzerva
κονσέρβα

otvarač konzervi
ανοιχτήρι κονσέρβας

krpa za lonac
γάντι φούρνου

sudoper
νεροχύτης

četka
βούρτσα

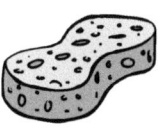

spužva
σφουγγάρι

mikser
μπλέντερ

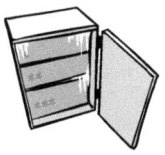

zamrzivač
καταψύκτης

bočica za bebe
μπιμπερό

slavina za vodu
βρύση

grijanje
θέρμανση

tuš
ντους

ručnik
πετσέτα

zavjesa za tuš
κουρτίνα ντουζ

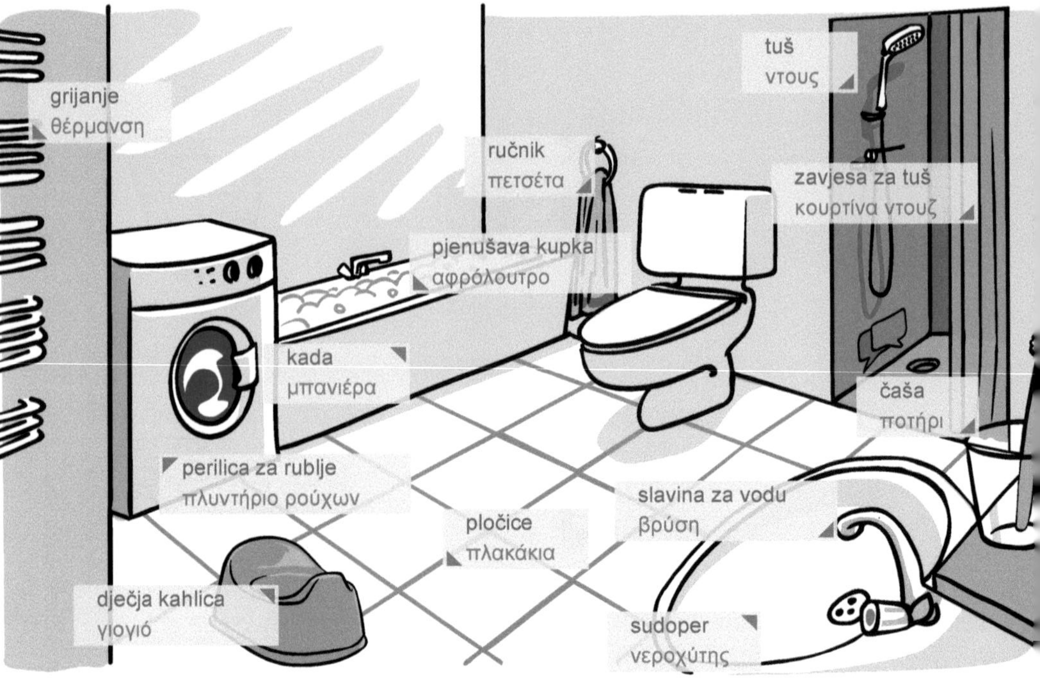

pjenušava kupka
αφρόλουτρο

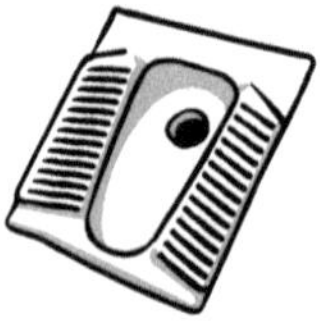

kada
μπανιέρα

čaša
ποτήρι

perilica za rublje
πλυντήριο ρούχων

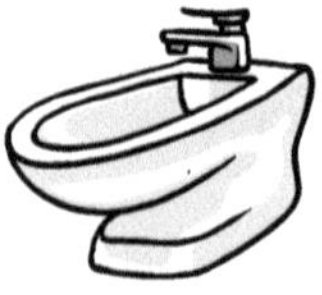

slavina za vodu
βρύση

pločice
πλακάκια

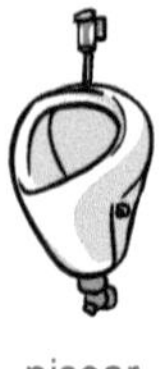

dječja kahlica
γιογιό

sudoper
νεροχύτης

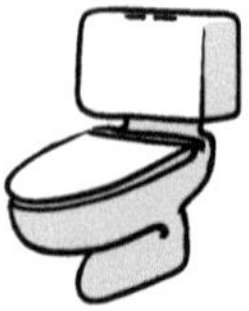

toalet	čučavac	bidet
τουαλέτα	τούρκικη τουαλέτα	μπιντές

pisoar	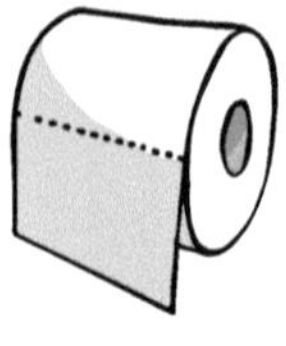 papir za toalet	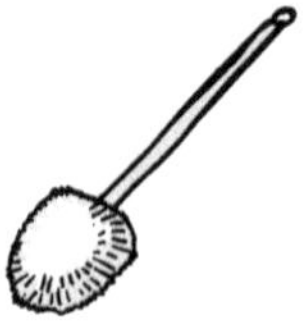 četka za toalet
ουρητήριο	χαρτί υγείας	πιγκάλ

četkica za zube

οδοντόβουρτσα

pasta za zube

οδοντόκρεμα

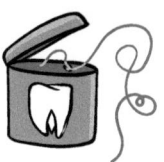

konac za zube

οδοντικό νήμα

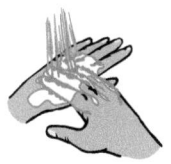

prati

πλένω

tuš ručica

τηλέφωνο ντους

tuš za pranje intimnih dijelova

ντουσιέρα

lavor

λεκάνη

četka za pranje leđa

βούρτσα πλάτης

sapun

σαπούνι

gel za tuširanje

αφρόλουτρο

šampon

σαμπουάν

krpa za pranje

φανέλα

odvod

σιφόνι

krema

κρέμα

dezodorans

αποσμητικό

kupaonica - μπάνιο

ogledalo

καθρέφτης

kozmetičko ogledalo

καθρέφτης χειρός

brijač

ξυραφάκι

pjena za brijanje

αφρός ξυρίσματος

losion za poslije brijanja

αφτερσέιβ

češalj

χτένα

četka

βούρτσα

sušilo za kosu

σεσουάρ

sprej za kosu

λακ

makeup

μακιγιάζ

ruž za usne

κραγιόν

lak za nokte

βερνίκι νυχιών

vata

βαμβάκι

škare za nokte

ψαλίδι νυχιών

parfem

άρωμα

neseser
νεσεσέρ

stolica
σκαμπό

vaga
ζυγαριά

ogrtač
μπουρνούζι

rukavice za čišćenje
ελαστικά γάντια

tampon
ταμπόν

uložak
πετσέτα υγιεινής

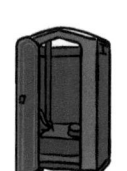

kemijski toalet
χημική τουαλέτα

dječija soba
παιδικό δωμάτιο

budilnik
ξυπνητήρι
plišana igračka
λούτρινο ζωάκι
auto igračka
αυτοκινητάκι
zvečka
κουδουνίστρα
kućica za lutke
κουκλόσπιτο
poklon
δώρο

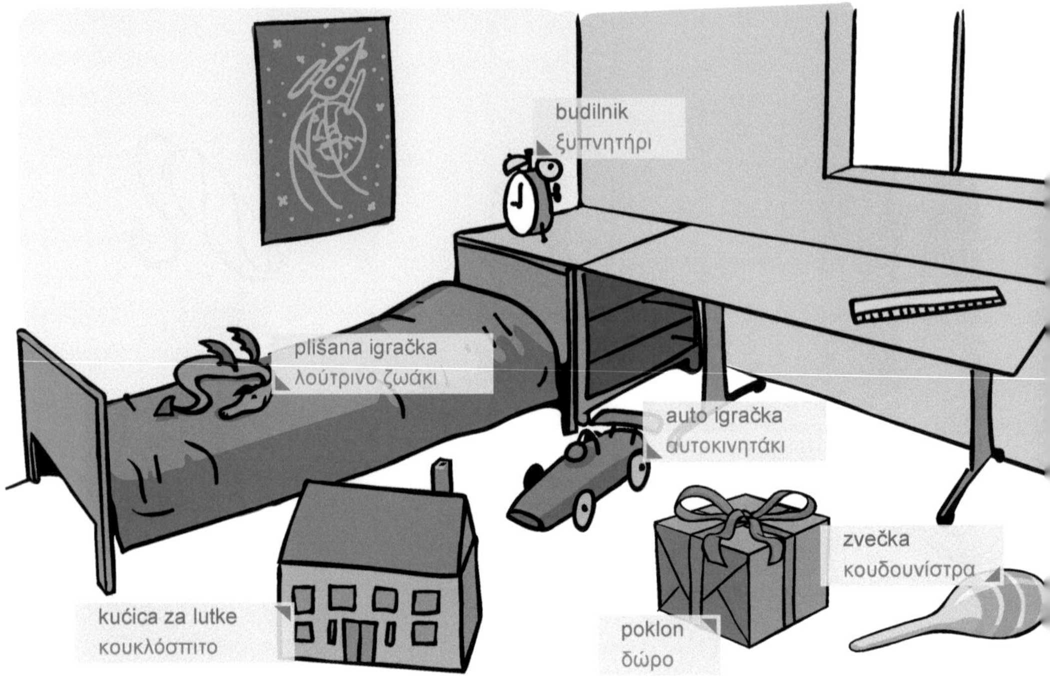

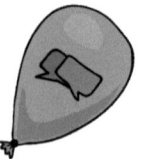

balon

μπαλόνι

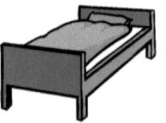

krevet

κρεβάτι

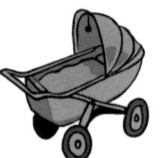

dječija kolica

καροτσάκι

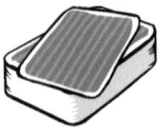

igra s kartama

τράπουλα

slagalica

παζλ

SUPER MEGA

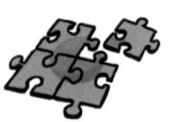

strip

κόμικς

lego kockice

τουβλάκια lego

kockice za slaganje

τουβλάκια κατασκευών

akcioni junak

φιγούρα δράσης

kombinezon za bebe

βρεφικό φορμάκι

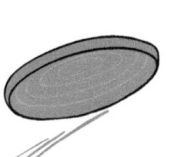

frizbi

φρίσμπι

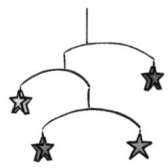

viseće igračke

μόμπιλο

društvene igre

επιτραπέζιο παιχνίδι

kocka

ζάρια

minijaturna željeznica

σετ τρενάκι

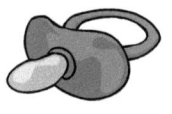

duda

πιπίλα

tulum

πάρτι

slikovnica

εικονογραφημένο βιβλίο

lopta

μπάλα

lutka

κούκλα

igrati

παίζω

pješčanik
σκάμμα με άμμο

ljuljačka
κούνια

igračka
παιχνίδια

konzola za igre
κονσόλα βιντεοπαιχνιδιών

tricikl
τρίκυκλο

plišani medo
αρκουδάκι

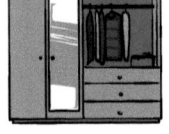

ormar
ντουλάπα

odjeća
ρούχα

kratke čarape
κάλτσες

čarape
καλτσοδέτες

hulahopke
καλσόν

šal
κασκόλ

kišobran
ομπρέλα

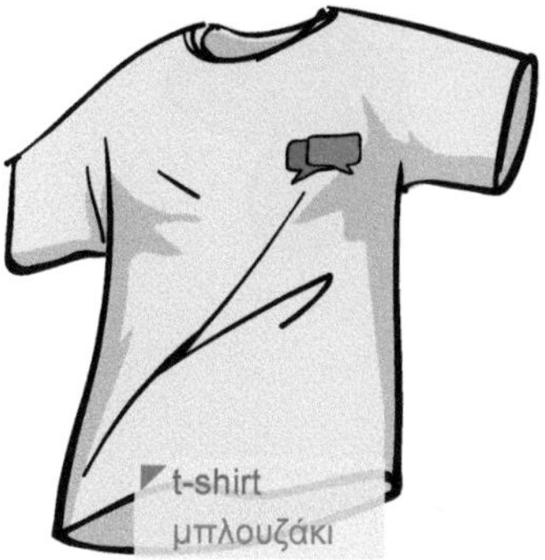

t-shirt
μπλουζάκι

kaiš
ζώνη

čizme
μπότες

papuče
παντόφλες

patike
αθλητικά παπούτσια

sandale
σανδάλια

cipele
παπούτσια

gumene čizme
γαλότσες

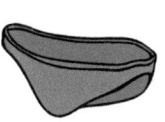

gaćice
εσώρουχο

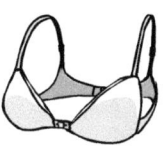

grudnjak
σουτιέν

potkošulja
φανέλα

bodi
σώμα

hlače
παντελόνι

džins
τζιν παντελόνι

haljina
φούστα

bluza
μπλούζα

košulja
πουκάμισο

džemper
πουλόβερ

pulover s kapuljačom
πουλόβερ

blejzer
σακάκι

jakna
μπουφάν

kaput
παλτό

kabanica
αδιάβροχο πανωφόρι

kostim
κοστούμι

haljina
φόρεμα

vjenčanica
νυφικό

odijelo
κοστούμι

spavaćica
νυχτικό

pidžama
πιτζάμες

sari
σάρι

rubac
μαντήλι

turban
τουρμπάνι

burka
μπούρκα

kaftan
καφτάνι

abaja
μουσουλμανικό ένδυμα

kupaći kostim
ολόσωμο μαγιό

kupaće gaćice
ανδρικό μαγιό

kratke hlače
σορτς

odjeća za trening
αθλητική φόρμα

pregača
ποδιά

rukavice
γάντια

gumb

κουμπί

naočale

γυαλιά

narukvica

βραχιόλι

ogrlica

περιδέραιο

prsten

δαχτυλίδι

naušnica

σκουλαρίκι

kapa

καπέλο

vješalica

κρεμάστρα

šešir

καπέλο

kravata

γραβάτα

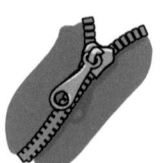

patent zatvarač

φερμουάρ

kaciga

κράνος

naramenice

τιράντες

školska uniforma

μαθητική στολή

uniforma

στολή

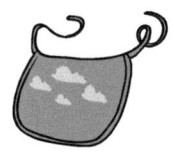

podbradak

σαλιάρα

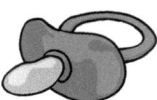

duda

πιπίλα

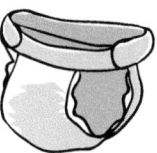

pelena

πάνα

ured

γραφείο

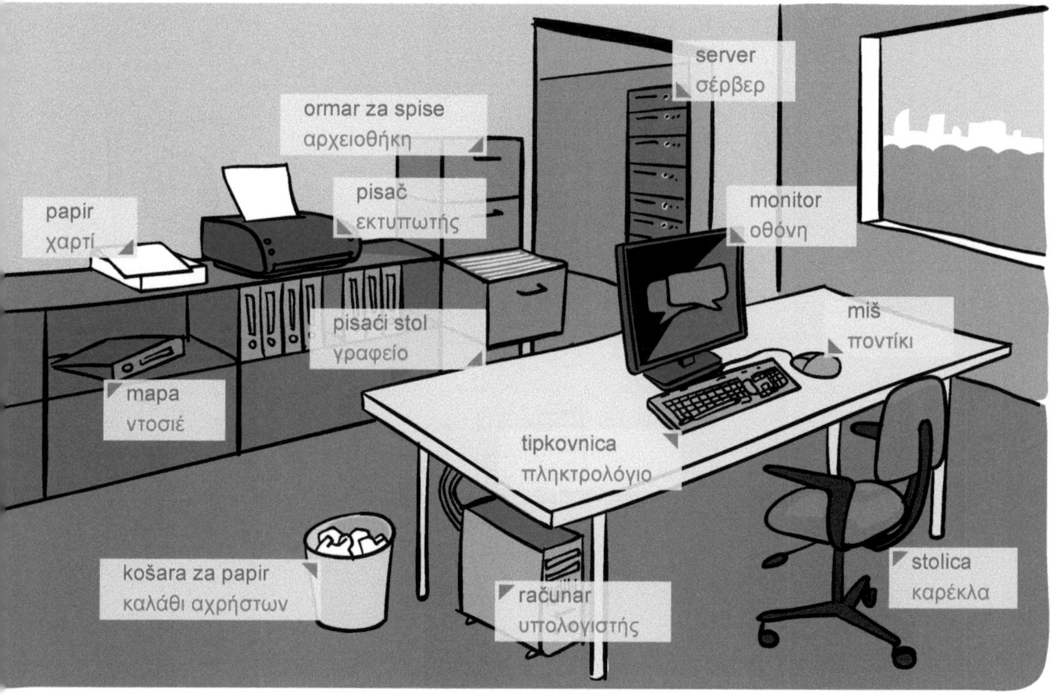

server
σέρβερ
ormar za spise
αρχειοθήκη
papir
χαρτί
pisač
εκτυπωτής
monitor
οθόνη
miš
ποντίκι
pisaći stol
γραφείο
mapa
ντοσιέ
tipkovnica
πληκτρολόγιο
košara za papir
καλάθι αχρήστων
računar
υπολογιστής
stolica
καρέκλα

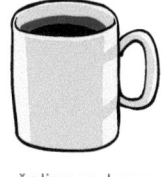

šalica za kavu

κούπα του καφέ

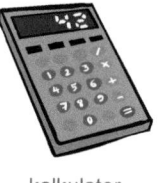

kalkulator

κομπιουτεράκι

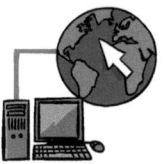

internet

ίντερνετ

laptop

λάπτοπ

pismo

γράμμα

poruka

μήνυμα

mobilni telefon

κινητό

mreža

δίκτυο

uređaj za kopiranje

φωτοτυπικό μηχάνημα

softver

λογισμικό

telefon

τηλέφωνο

utičnica

πρίζα

faks

συσκευή φαξ

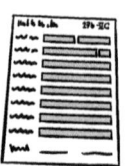

obrazac

έντυπο

dokument

έγγραφο

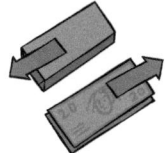

kupovati
αγοράζω

platiti
πληρώνω

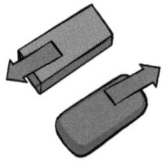

trgovati
συναλλάσσομαι

novac
χρήματα

dolar
δολάριο

euro
ευρώ

jen
γιεν

rubalj
ρούβλι

švicarski franak
ελβετικό φράγκο

renmindbi yuan
ρενμίνμπι γιουάν

rupija
ρουπία

automat za novac
ATM (αυτόματη ταμειακή μηχανή)

mjenjačnica

ανταλλακτήρια
συναλλάγματος

zlato

χρυσός

srebro

ασήμι

nafta

πετρέλαιο

energija

ενέργεια

cijena

τιμή

ugovor

συμβόλαιο

porez

φόρος

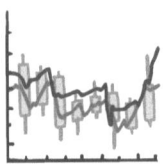

dionica

μετοχή

raditi

δουλεύω

službenik

υπάλληλος

poslodavac

εργοδότης

tvornica

εργοστάσιο

prodavaonica

κατάστημα

zanimanja
επαγγέλματα

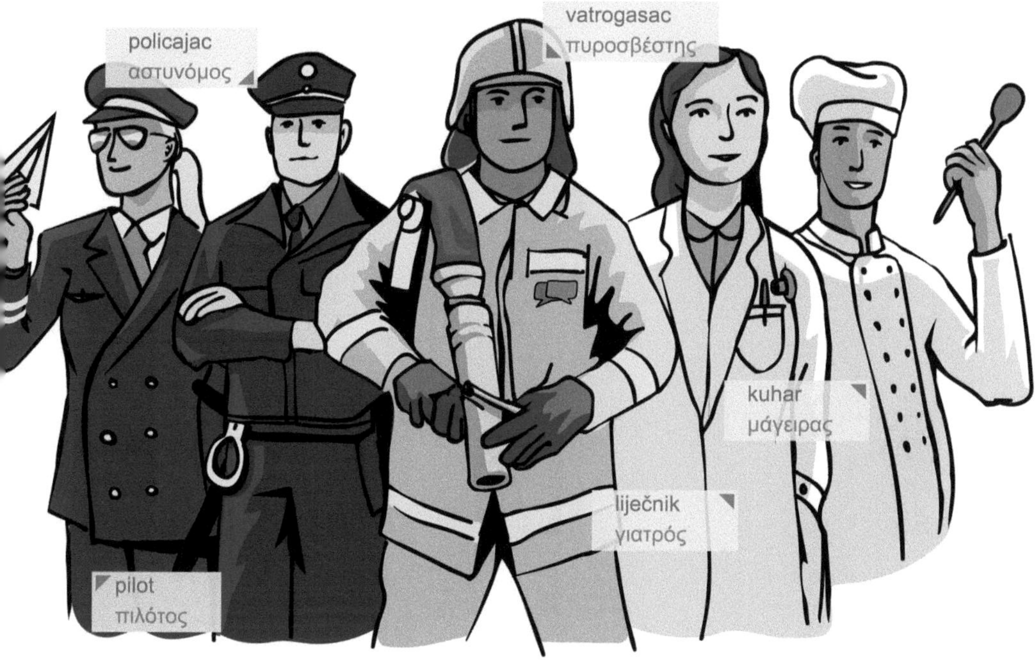
policajac
αστυνόμος
vatrogasac
πυροσβέστης
kuhar
μάγειρας
liječnik
γιατρός
pilot
πιλότος

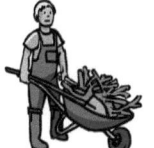

vrtlar

κηπουρός

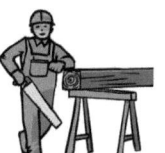

stolar

ξυλουργός

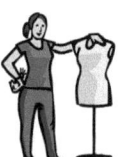

krojačica

μοδίστρα

sudija

δικαστής

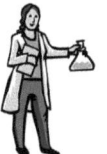

kemičar

χημικός

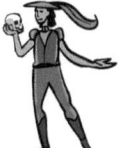

glumac

ηθοποιός

vozač autobusa

οδηγός λεωφορείου

vozač taksija

ταξιτζής

ribar

ψαράς

čistačica

καθαρίστρια

krovopokrivač

τεχνίτης στεγών

konobar

σερβιτόρος

lovac

κυνηγός

slikar

ζωγράφος

pekar

αρτοποιός

električar

ηλεκτρολόγος

građevinski radnik

οικοδόμος

inženjer

μηχανολόγος

mesar

κρεοπώλης

limar

υδραυλικός

poštar

ταχυδρόμος

vojnik

στρατιώτης

arhitekta

αρχιτέκτονας

blagajnik

ταμίας

cvjećar

ανθοπώλης

frizer

κομμωτής

kondukter

ελεγκτής εισιτηρίων

mehaničar

μηχανικός

kapetan

καπετάνιος

zubar

οδοντίατρος

znanstvenik

επιστήμονας

rabi

ραβίνος

imam

ιμάμης

monah

μοναχός

svećenik

ιερέας

alati
εργαλεία

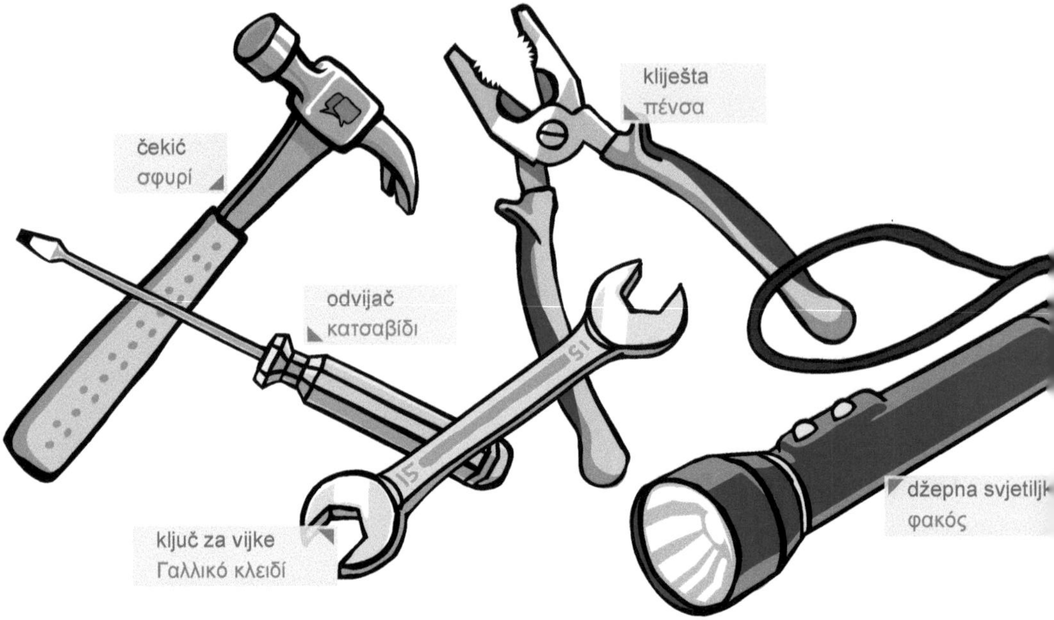

čekić
σφυρί
kliješta
πένσα
odvijač
κατσαβίδι
ključ za vijke
Γαλλικό κλειδί
džepna svjetilj
φακός

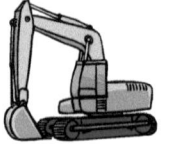

rovokopač

εκσκαφέας

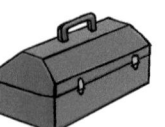

kutija za alat

εργαλειοθήκη

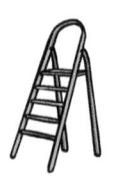

ljestve

σκάλα

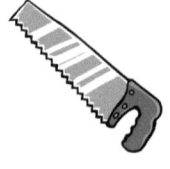

pila

πριόνι

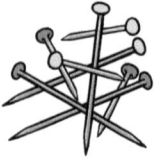

ekser

καρφιά

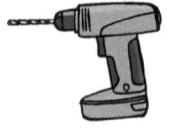

bušilica

τρυπάνι

popraviti

επισκευάζω

lopata

φτυάρι

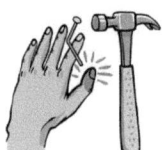

Sranje!

Να πάρει!

lopatica

φαράσι

lonac za boju

δοχείο χρωμάτων

vijci

βίδες

glazbeni instrument
μουσικά όργανα

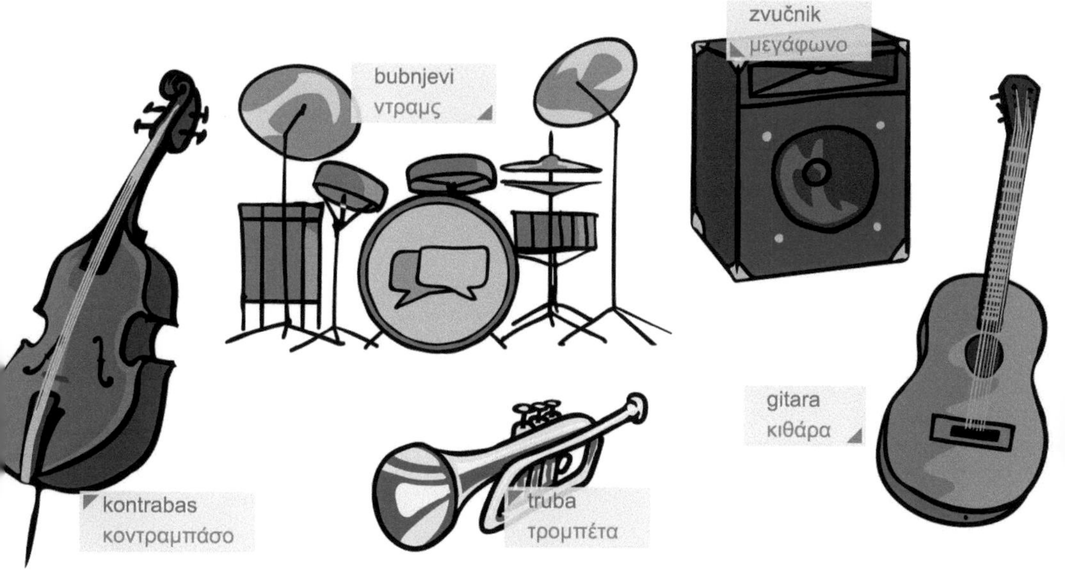

zvučnik
μεγάφωνο

bubnjevi
ντραμς

gitara
κιθάρα

kontrabas
κοντραμπάσο

truba
τρομπέτα

klavir

πιάνο

violina

βιολί

bas

μπάσο

timpani

τύμπανα

udaraljke za bubnjeve

τύμπανο

keyboard

πλήκτρα

saksofon

σαξόφωνο

flauta

φλάουτο

mikrofon

μικρόφωνο

zoološki vrt

ζωολογικός κήπος

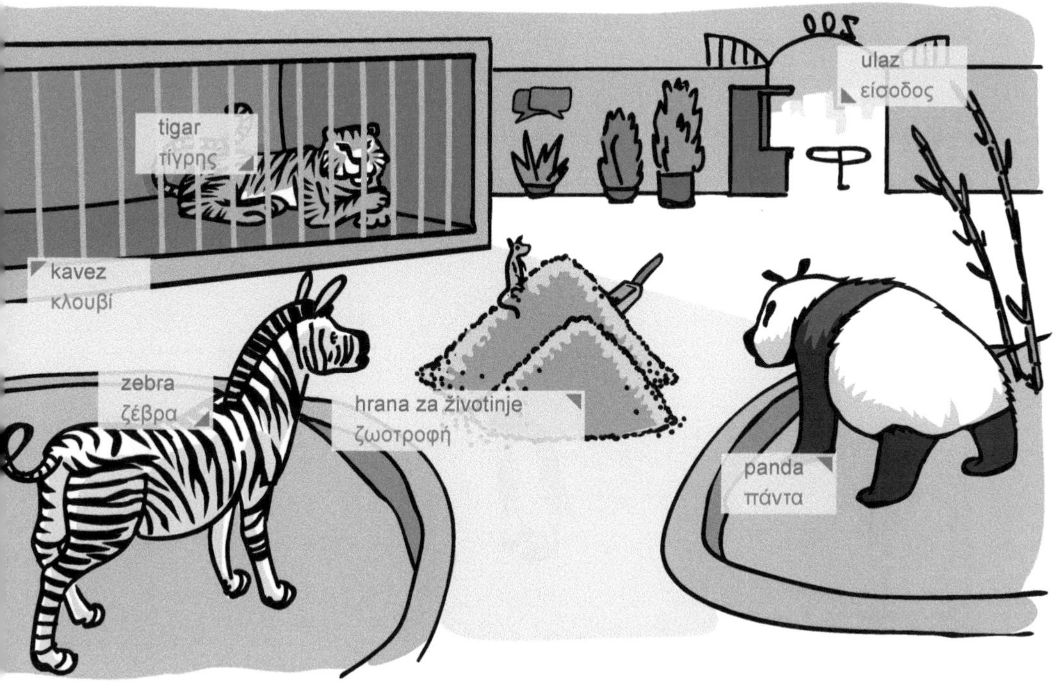
zoo
ulaz
είσοδος
tigar
τίγρης
kavez
κλουβί
zebra
ζέβρα
hrana za životinje
ζωοτροφή
panda
πάντα

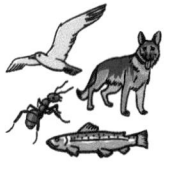

životinje

ζώα

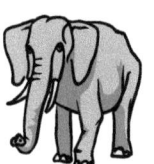

slon

ελέφαντας

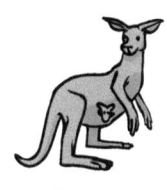

kengur

καγκουρό

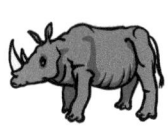

nosorog

ρινόκερος

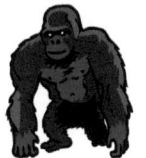

gorila

γορίλας

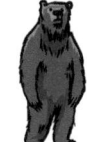

medvjed

αρκούδα

kamila

καμήλα

noj

στρουθοκάμηλος

lav

λιοντάρι

majmun

πίθηκος

flamingo

φλαμίνγκο

papagaj

παπαγάλος

polarni medvjed

πολική αρκούδα

pingvin

πιγκουίνος

ajkula

καρχαρίας

paun

παγώνι

zmija

φίδι

krokodil

κροκόδειλος

čuvar u zoološkom vrtu

φύλακας ζωολογικού κήπου

tuljan

φώκια

jaguar

τζάγκουαρ

zoološki vrt - ζωολογικός κήπος

poni

πόνυ

leopard

λεοπάρδαλη

nilski konj

ιπποπόταμος

žirafa

καμηλοπάρδαλη

orao

αετός

divlja svinja

αγριογούρουνο

riba

ψάρι

kornjača

χελώνα

morž

θαλάσσιος ίππος

lisica

αλεπού

gazela

γαζέλα

američki nogomet
Αμερικάνικο ποδόσφαιρο

biciklizam
ποδηλασία

tenis
αντισφαίριση

košarka
μπάσκετ

plivanje
κολύμβηση

boks
πυγμαχία

hockey na ledu
χόκεϋ επί πάγου

nogomet

ποδόσφαιρο

badminton

μπάντμιντον

atletika

στίβος

rukomet

χάντμπολ

skijanje

σκι

polo

πόλο

aktivnosti
δραστηριότητες

smijati se
γελάω
skočiti
πηδάω
zagrliti
αγκαλιάζω
ići
περπατάω
pjevati
τραγουδάω
sanjati
ονειρεύομαι
moliti se
προσεύχομαι
poljubiti
φιλάω

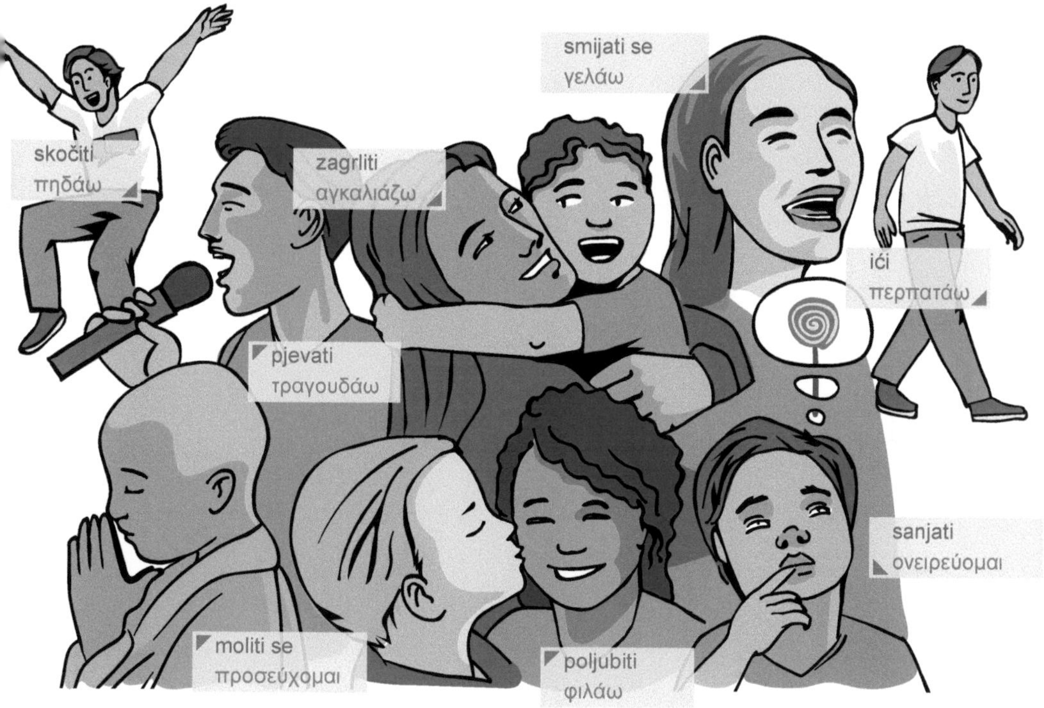

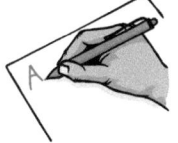

pisati

γράφω

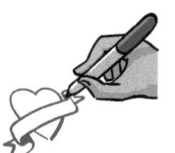

crtati

σχεδιάζω

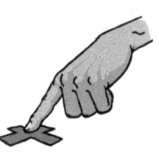

pokazati

δείχνω

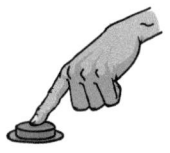

gurati

πιέζω

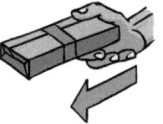

dati

δίνω

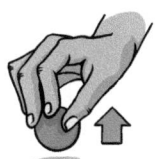

uzeti

παίρνω

imati
έχω

činiti
κάνω

biti
είμαι

stojati
στέκομαι

trčati
τρέχω

povlačiti
τραβάω

baciti
ρίχνω

padati
πέφτω

ležati
ξαπλώνω

čekati
περιμένω

nositi
κουβαλώ

sjediti
κάθομαι

oblačiti
φοράω

spavati
κοιμάμαι

probuditi se
ξυπνάω

gledati

κοιτάω

plakati

κλαίω

milovati

χαϊδεύω

češljati

χτενίζω

govoriti

μιλάω

razumjeti

καταλαβαίνω

pitati

ρωτάω

slušati

ακούω

piti

πίνω

jesti

τρώω

pospremiti

συγυρίζω

voljeti

αγαπάω

kuhati

μαγειρεύω

voziti

οδηγώ

letjeti

πετάω

ploviti

κάνω ιστιοπλοΐα

računati

υπολογίζω

čitati

διαβάζω

učiti

μαθαίνω

raditi

δουλεύω

vjenčati se

παντρεύομαι

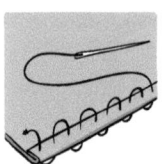

šiti

ράβω

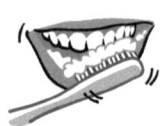

prati zube

βουρτσίζω τα δόντια

ubiti

σκοτώνω

pušiti

καπνίζω

poslati

στέλνω

obitelj
οικογένεια

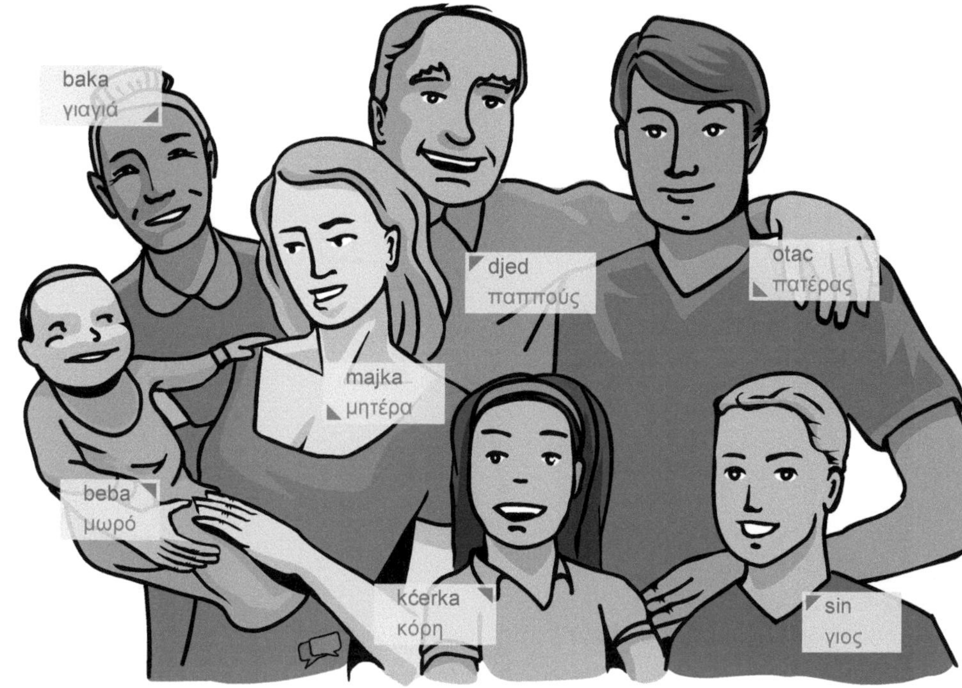
baka
γιαγιά
djed
παππούς
otac
πατέρας
majka
μητέρα
beba
μωρό
kćerka
κόρη
sin
γιος

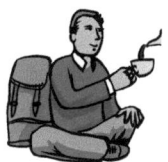

gost
καλεσμένος

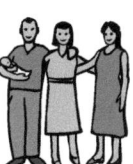

tetka
θεία

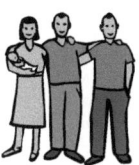

ujak, stric
θείος

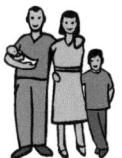

brat
αδελφός

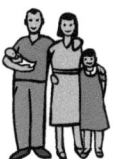

sestra
αδελφή

tijelo
σώμα

čelo
μέτωπο
oko
μάτι
rame
ώμος
prst
δάχτυλο
lice
πρόσωπο
brada
πιγούνι
ruka
χέρι
noga
πόδι
grudi
στήθος
ruka
βραχίονας

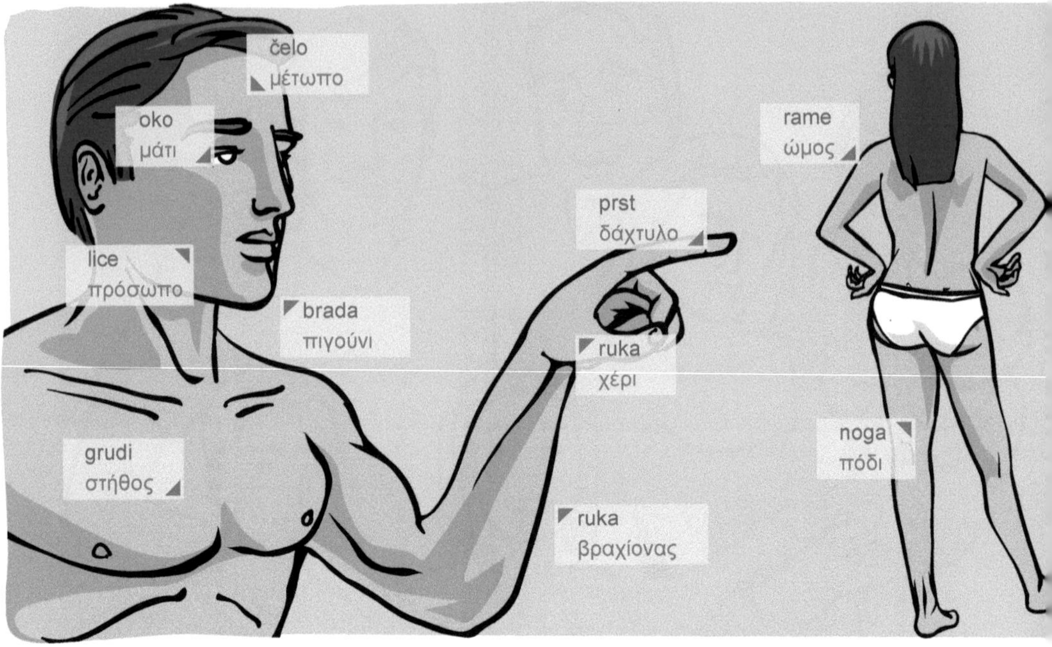

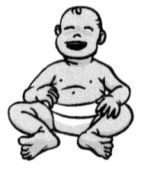

beba
μωρό

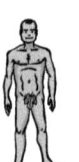

muškarac
άνδρας

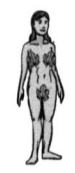

žena
γυναίκα

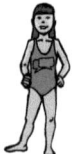

djevojčica
κορίτσι

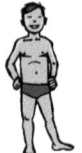

dječak
αγόρι

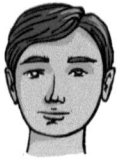

glava
κεφάλι

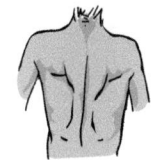

leđa

πλάτη

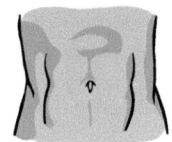

trbuh

κοιλιά

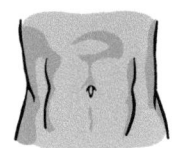

pupak

αφαλός

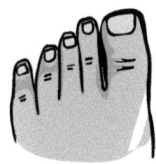

nožni prst

δάχτυλο ποδιού

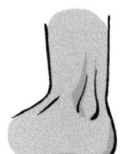

peta

φτέρνα

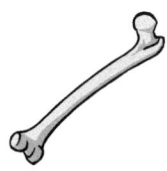

kost

κόκκαλο

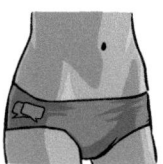

kuk

γοφός

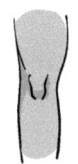

koljeno

γόνατο

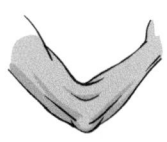

lakat

αγκώνας

nos

μύτη

stražnjica

γλουτός

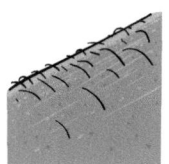

koža

δέρμα

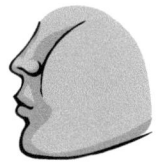

obraz

μάγουλο

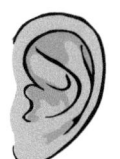

uho

αυτί

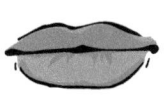

usna

χείλος

tijelo - σώμα

usta

στόμα

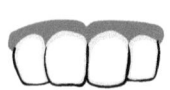

zub

δόντι

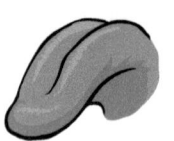

jezik

γλώσσα

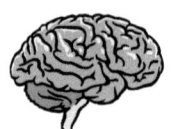

mozak

εγκέφαλος

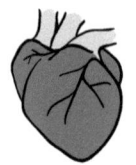

srce

καρδιά

mišić

μυς

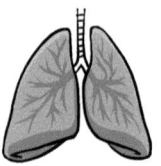

pluća

πνεύμονας

jetra

συκώτι

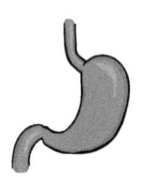

želudac

στομάχι

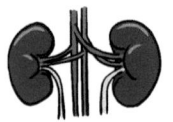

bubrezi

νεφρά

snošaj

σεξουαλική επαφή

kondom

προφυλακτικό

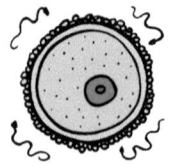

jajna stanica

ωάριο

sperma

σπέρμα

trudnoća

εγκυμοσύνη

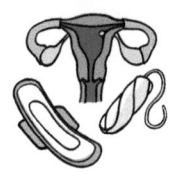

menstruacija

περίοδος

vagina

γυναικείος κόλπος

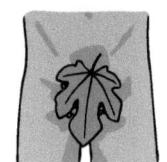

penis

πέος

obrva

φρύδι

kosa

μαλλιά

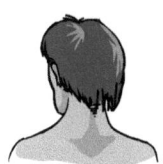

vrat

λαιμός

bolnica
νοσοκομείο

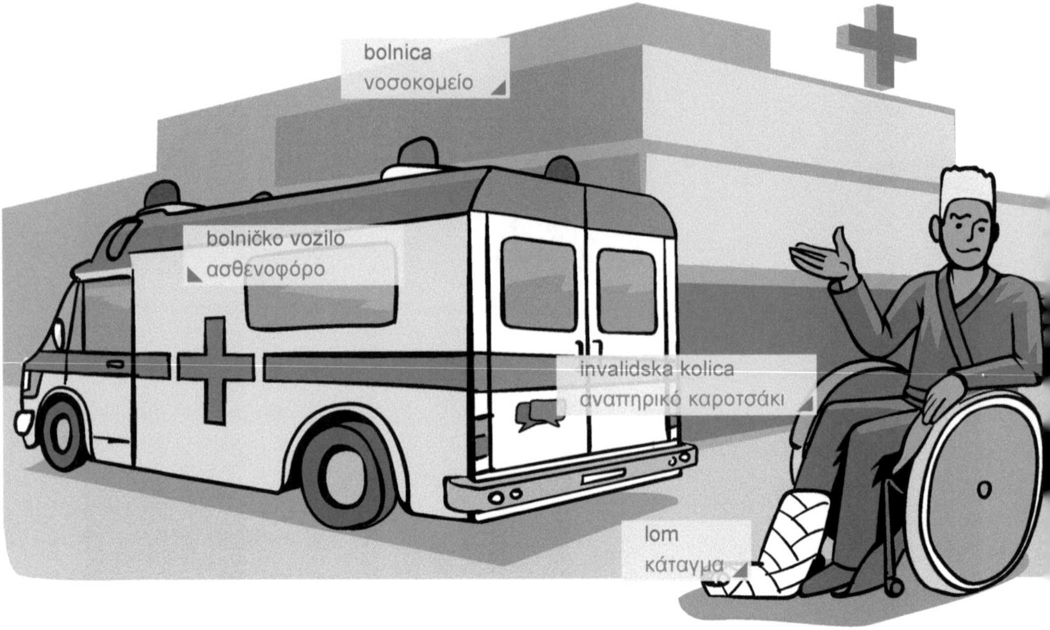

bolnica
νοσοκομείο
bolničko vozilo
ασθενοφόρο
invalidska kolica
αναπηρικό καροτσάκι
lom
κάταγμα

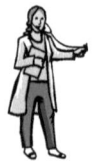

liječnik

γιατρός

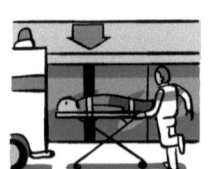

hitna medicinska služba

μονάδα εντατικής θεραπείας

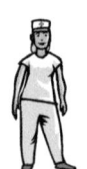

medicinska sestra

νοσοκόμα

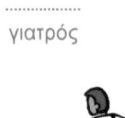

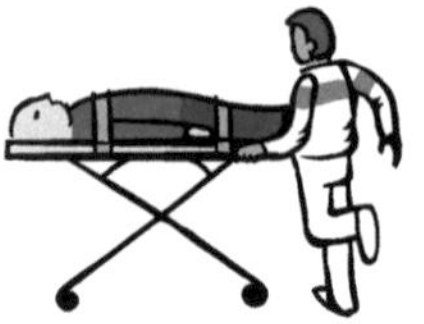

hitni slučaj

έκτακτη ανάγκη

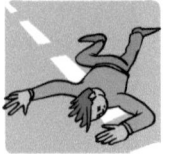

nesvijest

λιπόθυμος

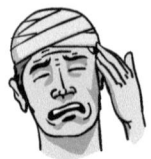

bol

πόνος

ozljeda

τραύμα

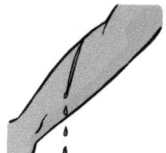

krvarenje

αιμορραγία

srčani infarkt

έμφραγμα

moždani udar

εγκεφαλικό

alergija

αλλεργία

kašalj

βήχας

groznica

πυρετός

gripa

γρίπη

proljev

διάρροια

glavobolja

πονοκέφαλος

rak

καρκίνος

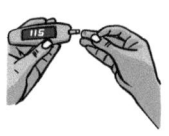

dijabetes

διαβήτης

kirurg

χειρουργός

skalpel

νυστέρι

operacija

εγχείρηση

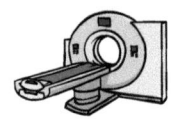

ct
αξονική τομογραφία

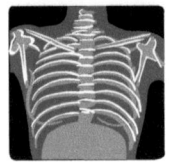

rentgen
ακτινογραφία

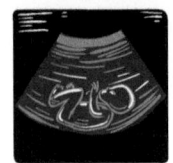

ultrazvuk
υπέρηχος

maska
μάσκα

bolest
ασθένεια

čekaonica
αίθουσα αναμονής

štaka
πατερίτσα

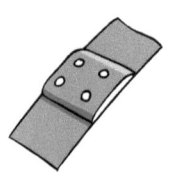

flaster
χάνσαπλαστ

zavoj
επίδεσμος

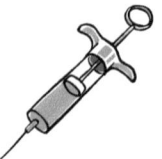

injekcija
ένεση

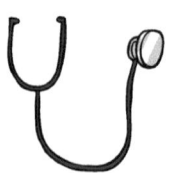

stetoskop
στηθοσκόπιο

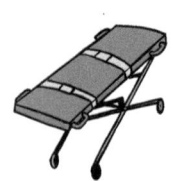

nosilo
φορείο

termometar
θερμόμετρο

rođenje
γέννηση

prekomjerna težina
υπέρβαρο

slušni aparat

ακουστικό βαρηκοΐας

sredstvo za dezinfekciju

αντισηπτικό

infekcija

λοίμωξη

virus

ιός

hiv / sida

HIV/AIDS

medicina

φάρμακο

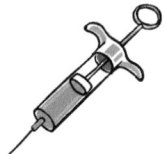

vakcinacija

εμβολιασμός

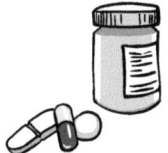

tablete

δισκία

pilula

χάπι

poziv u pomoć

κλήση έκτακτης ανάγκης

uređaj za mjerenje tlaka

πιεσόμετρο αίματος

bolesno / zdravo

άρρωστος / υγιής

pomoć!
Βοήθεια!

alarm
συναγερμός

nasrtaj
βιαιοπραγία

napad
επίθεση

opasnost
κίνδυνος

izlaz za nuždu
έξοδος κινδύνου

požar!
Φωτιά!

vatrogasni aparat
πυροσβεστήρας

nezgoda
ατύχημα

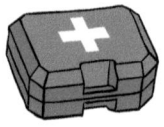

kofer prve pomoći
κουτί πρώτων βοηθειών

sos
SOS

policija
αστυνομία

Europa

Ευρώπη

sjeverna amerika

Βόρεια Αμερική

južna amerika

Νότια Αμερική

Afrika

Αφρική

Azija

Ασία

Australija

Αυστραλία

Atlantik

Ατλαντικός Ωκεανός

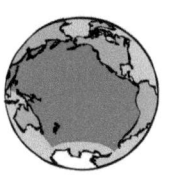

Pacifik

Ειρηνικός Ωκεανός

ocean

Ινδικός Ωκεανός

antarktički ocean

Ανταρκτικός Ωκεανός

arktički ocean

Αρκτικός Ωκεανός

sjeverni pol

Βόρειος Πόλος

južni pol

Νότιος Πόλος

Antarktik

Ανταρκτική

zemlja

Γη

zemlja

γη

more

θάλασσα

otok

νησί

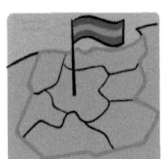

nacija

έθνος

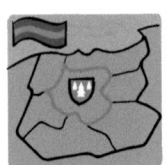

država

πολιτεία

brojčanik sata

καντράν ρολογιού

satna kazaljka

ωροδείκτης

minutna kazaljka

λεπτοδείκτης

sekundna kazaljka

δείκτης δευτερολέπτων

Koliko je sati?

Τι ώρα είναι;

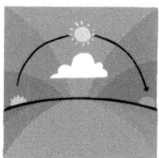

dan

ημέρα

vrijeme

χρόνος

sada

τώρα

digitalni sat

ψηφιακό ρολόι

minuta

λεπτό

sat

ώρα

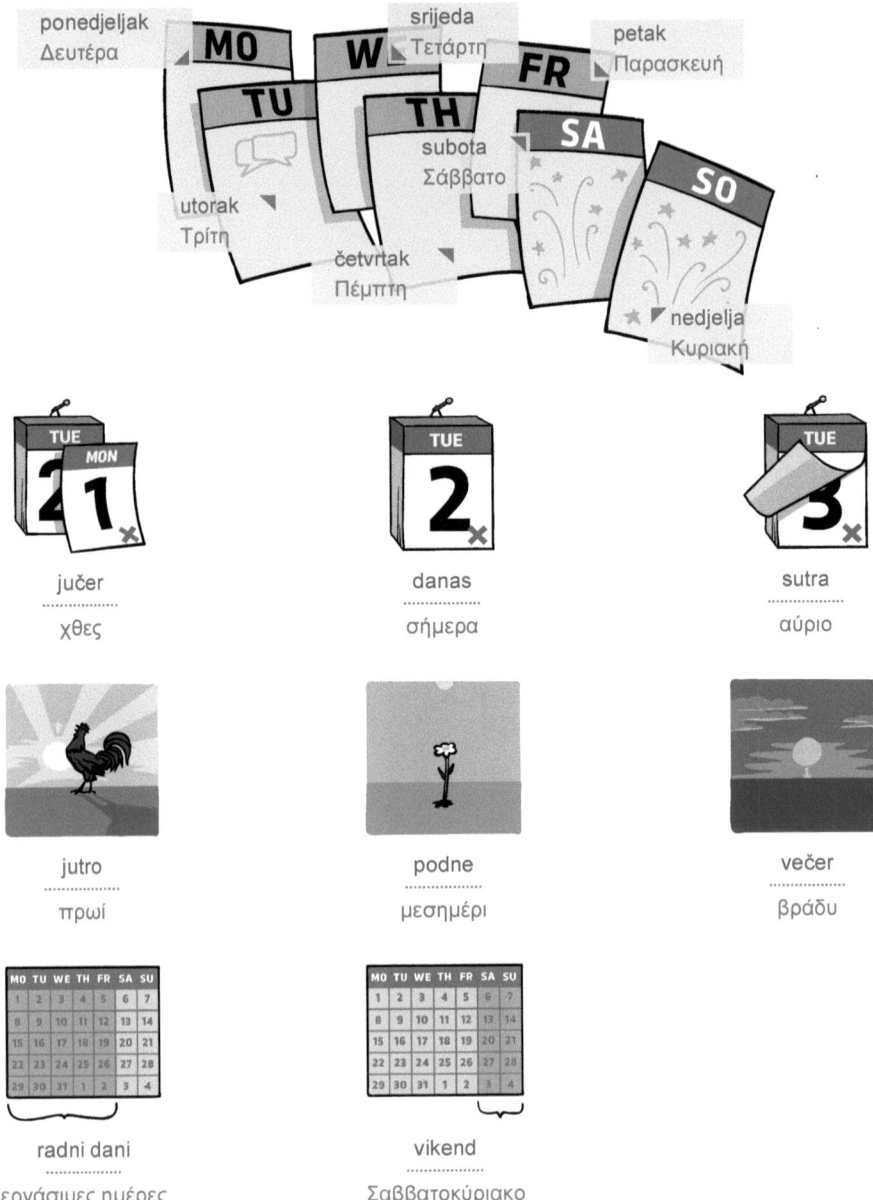

ponedjeljak
Δευτέρα

MO

W Τετάρτη

srijeda

petak
Παρασκευή

FR

TU

TH

SA

subota
Σάββατο

SO

utorak
Τρίτη

četvrtak
Πέμπτη

nedjelja
Κυριακή

jučer	danas	sutra
χθες	σήμερα	αύριο

jutro	podne	večer
πρωί	μεσημέρι	βράδυ

radni dani	vikend
εργάσιμες ημέρες	Σαββατοκύριακο

godina

έτος

kiša
βροχή
duga
ουράνιο τόξο
vjetar
άνεμος
snijeg
χιόνι
proljeće
άνοιξη
jesen
φθινόπωρο
ljeto
καλοκαίρι
zima
χειμώνας

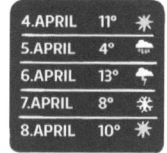

4.APRIL 11°
5.APRIL 4°
6.APRIL 13°
7.APRIL 8°
8.APRIL 10°

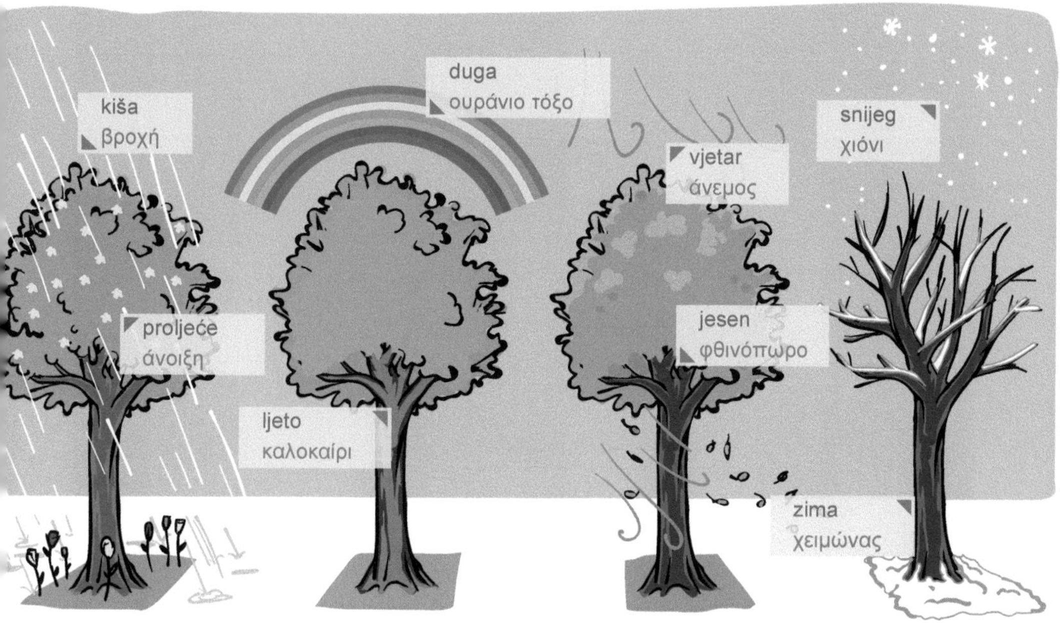

meteorološka prognoza

πρόγνωση καιρού

F C
120 40
90 30
60 20
30 10
0 0
-30 -10
-20

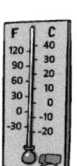

termometar

θερμόμετρο

sunčana svjetlost

λιακάδα

oblak

σύννεφο

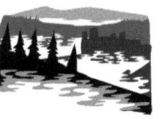

magla

ομίχλη

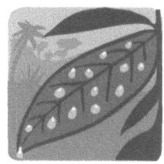

vlažnost zraka

υγρασία

munja

αστραπή

grmljavina

κεραυνός

oluja

καταιγίδα

tuča

χαλάζι

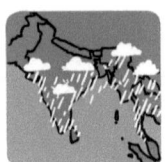

monsun

μουσώνας

poplava

πλημμύρα

led

πάγος

siječanj

Ιανουάριος

veljača

Φεβρουάριος

ožujak

Μάρτιος

travanj

Απρίλιος

svibanj

Μάιος

lipanj

Ιούνιος

srpanj

Ιούλιος

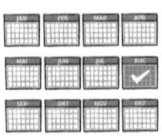

kolovoz

Αύγουστος

82

godina - έτος

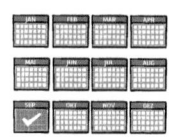

rujan

Σεπτέμβριος

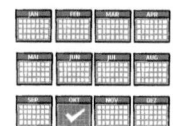

listopad

Οκτώβριος

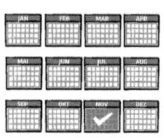

studeni

Νοέμβριος

prosinac

Δεκέμβριος

oblici
σχήματα

krug

κύκλος

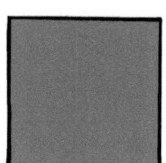

kvadrat

τετράγωνο

pravokutnik

ορθογώνιο
παραλληλόγραμμο

trokut

τρίγωνο

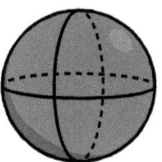

kugla

σφαίρα

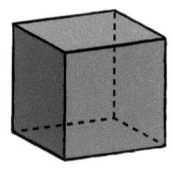

kocka

κύβος

bijela
....
άσπρο

žuta
....
κίτρινο

narančasta
....
πορτοκαλί

ružičasta
....
ροζ

crvena
....
κόκκινο

ljubičasta
....
μωβ

plava
....
μπλε

zelena
....
πράσινο

smeđa
....
καφέ

siva
....
γκρι

crna
....
μαύρο

mnogo / malo

πολύ / λίγο

ljutito / mirno

θυμωμένος / ήρεμος

lijepo / ružno

όμορφος / άσχημος

početak / kraj

αρχή / τέλος

veliko / maleno

μεγάλος / μικρός

svijetlo / tamno

φωτεινός / σκοτεινός

brat / sestra

αδελφός / αδελφή

čisto / prljavo

καθαρός / λερωμένος

potpuno / nepotpuno

πλήρης / ατελής

dan / noć

ημέρα / νύχτα

mrtvo / živo

νεκρός / ζωντανός

široko / usko

φαρδύς / στενός

jestivo / nejestivo

βρώσιμος / μη βρώσιμος

zlo / dobro

κακός / ευγενικός

uzbuđeno / dosadno

ενθουσιασμένος /
βαριεστημένος

debelo / mršavo

παχύς / λεπτός

na početku / na kraju

πρώτος / τελευταίος

prijatelj / neprijatelj

φίλος / εχθρός

puno / prazno

γεμάτος / άδειος

tvrdo / mekano

σκληρός / μαλακός

teško / lagano

βαρύς / ελαφρύς

glad / žeđ

πείνα / δίψα

bolesno / zdravo

άρρωστος / υγιής

ilegalno / legalno

παράνομος / νόμιμος

pametno / glupo

έξυπνος / χαζός

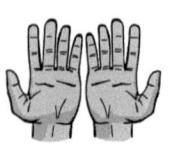

lijevo / desno

αριστερός / δεξιός

blizu / daleko

κοντινός / μακρινός

novo / rabljeno

καινούριος / μεταχειρισμένος

ništa / nešto

τίποτα / κάτι

staro / mlado

γέρος | νέος

uključeno / isključeno

αναμμένος / σβηστός

otvoreno / zatvoreno

ανοιχτός / κλειστός

tiho / glasno

χαμηλόφωνος / μεγαλόφωνος

bogato / siromašno

πλούσιος / φτωχός

točno / pogrešno

σωστός / λανθασμένος

hrapavo / glatko

τραχύς / λείος

tužno / sretno

ʌυπημένος / χαρούμενος

kratko / dugo

κοντός / μακρύς

polako / brzo

αργός / γρήγορος

mokro / suho

υγρός / στεγνός

toplo / hladno

ζεστός / δροσερός

rat / mir

πόλεμος / ειρήνη

0

nula

μηδέν

1

jedan

ένα

2

dva

δύο

3

tri

τρία

4

četiri

τέσσερα

5

pet

πέντε

6

šest

έξι

7

sedam

εφτά

8

osam

οκτώ

9

devet

εννιά

10

deset

δέκα

11

jedanaest

έντεκα

12

dvanaest
δώδεκα

13

trinaest
δεκατρία

14

četrnaest
δεκατέσσερα

15

petnaest
δεκαπέντε

16

šestnaest
δεκαέξι

17

sedamnaest
δεκαεφτά

18

osamnaest
δεκαοκτώ

19

devetnaest
δεκαεννέα

20

dvadeset
είκοσι

100

stotinu
εκατό

1.000

tisuću
χίλια

1.000.000

milijun
εκατομμύριο

engleski

Αγγλικά

američko engleski

Αμερικάνικα Αγγλικά

kinesko mandarinski

Μανδαρίνικα Κινέζικα

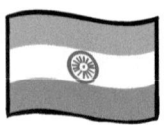

hindi

Χίντι

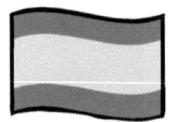

španjolski

Ισπανικά

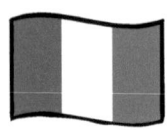

francuski

Γαλλικά

arapski

Αραβικά

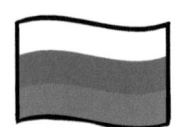

ruski

Ρώσικα

portugalski

Πορτογαλικά

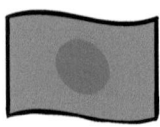

bengalski

Μπενγκάλι

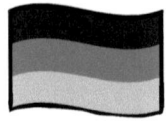

njemački

Γερμανικά

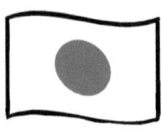

japanski

Ιαπωνικά

ja
εγώ

ti
εσύ

on / ona / ono
αυτός / αυτή / αυτό

mi
εμείς

vi
εσείς

oni
αυτοί / αυτές / αυτά

tko?
ποιος / ποια / ποιο;

što?
τι;

kako?
πώς;

gdje?
πού;

kada?
πότε;

ime
όνομα

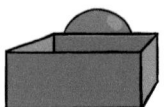

iza

πίσω

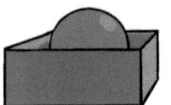

u

μέσα

ispred

μπροστά

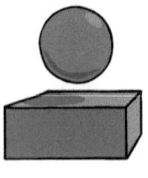

preko

πάνω από

na

πάνω

ispod

κάτω

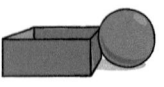

pored

δίπλα

između

ανάμεσα

mjesto

μέρος